舰载战斗机飞行学员
航空体育管理组训体系构建研究

主编 邹骐阳 韦 宇

副主编 赵 丹 应鹏飞 王悍如 白生岩

国防工业出版社

·北京·

内 容 简 介

本书首先对航空体育的基本概念及作用机制进行论述与辨析，以此为逻辑起点，结合舰载战斗机的特点进行航空体育特殊的体能需求分析，对我国航空类院校、美空军院校及我军航空体育组训（课程）的现状进行调查分析。在上述分析调研基础上，梳理出"舰机融合"视域下航空体育组训体系设置的基本要点与设计原则，并以此为依据对"舰机融合"特色的航空体育组训体系运行机制及主要内容展开实践应用并进行总结。

图书在版编目（CIP）数据

舰载战斗机飞行学员航空体育管理组训体系构建研究 / 邹骐阳，韦宇主编；赵丹等副主编. -- 北京 : 国防工业出版社, 2025. 6. -- ISBN 978-7-118-13810-8

Ⅰ. E154

中国国家版本馆 CIP 数据核字第 2025EW5926 号

国防工业出版社出版发行
（北京市海淀区紫竹院路 23 号　邮政编码 100048）
北京凌奇印刷有限责任公司印刷
新华书店经售

开本 710×1000　1/16　印张 13¾　字数 180 千字
2025 年 6 月第 1 版第 1 次印刷　印数 1—1000 册　定价 78.00 元

(本书如有印装错误，我社负责调换)

国防书店：(010)88540777　　书店传真：(010)88540776
发行业务：(010)88540717　　发行传真：(010)88540762

编委会名单

主　　编：邹骐阳　韦　宇
副 主 编：赵　丹　应鹏飞　王悍如　白生岩
参编人员：吴　昊　孙英智　时守祥　刘晓龙

前　　言

在党的二十大报告中，习近平主席明确指出："如期实现建军一百年奋斗目标，加快把人民军队建成世界一流军队，是全面建设社会主义现代化国家的战略要求。"建设一流海军的使命紧迫，不容迟缓！

随着海军转型建设的不断深化，海军舰载战斗机飞行员作为新质战斗力的先锋，其需求量、选拔质量以及培养标准都在全面提升。未来舰机融合作战将成为常态，舰载战斗机的作战训练强度将不断增大，对飞行技能的要求也将不断提升，因此对飞行员整体素质的要求越来越高，构成飞行员飞行专项体能素质的关键因素也随之改变。因此，研究如何组织航空体育训练变得尤为重要。

舰载战斗机飞行员在执行海空飞行任务时，起飞和着舰引发的身体应激反应、创伤评估和体育训练已成为影响作战能力的关键因素。与其他战位的官兵相比，舰载战斗机飞行员岗位对身体素质的要求更为严格，因此对航空体育的组织要更加严密和精细。

目前，我单位飞行学员的航空体育训练时间在总学习时长中占有较大比重，但采用的组训体系缺乏针对性，并没有专门针对舰载战斗机飞行学员的体系。该体系是从培养空军飞行学员的体育组训体系移植而来，并未突出"舰机融合"的重要理念，未体现出舰载战斗机飞行员"上天能飞，下海能游"的职业特点。飞行学员航空体育组训体系的科学化程度已成为一项亟待优化完善的系统工程。

在这个系统工程中，航空体育组训内容的拟定及设置既要紧密贴合舰载战斗机飞行学员的专业素质和能力提升，又要有利于学员体育健身锻炼习惯的养成；既要符合该年龄段学员身心发育的规律，又要符合运动技能形成的规律。

面对新形势、新任务，基于"必须精准对接战场需求、打仗需要，改进人才培养模式，探索生长军官本科教育和首次任职教育分段衔接培养"的要求，作为《航空体育》的教学实施单位，航空体育课程教学组提出"舰载飞行学员基础教育阶段的体能训练应紧前布局，应有效结合未来海空作战环境需求，完善航空体育课程组训体系"的学术观点，立足于未来舰载战斗机学员工作战斗的舰飞、着舰、飞行、航渡等特殊海空战场环境，通过对飞行学员班次航空体育教学组训的总结，归纳出基于舰载岗位特点的航空体育组训策略，以"舰载战斗机飞行学员航空体育管理组训体系构建研究"为题，初步尝试建立一套科学合理、易于操作、突出实效、规范的航空体育组训体系，以期为舰载战斗机飞行学员航空体育组训体系的优化提供理论支撑。

编者

2024 年 10 月

目 录

第一章　航空体育组训体系概念解析及作用机制研究……………1
  第一节　航空体育的基本概念 ………………………………2
  第二节　航空体育组训作用机制研究…………………………9
  第三节　航空体育训练身心适应的基本原理…………………12
  第四节　航空体育训练身体适应的基本规律…………………25
  第五节　航空体育训练的心理适应规律………………………34
  第六节　航空体育训练的负荷适应规律………………………38
  第七节　航空体育专项运动技能的形成规律…………………43
  第八节　航空体育训练的"非常规"规律………………………50

第二章　航空体育组训（课程）体系建设发展现状………………52
  第一节　我国航空体育组训（课程）体系建设发展现状……52
  第二节　美国军事航空体育组训（课程）体系概述…………60

第三章　舰载战斗机岗位飞行所需特殊体能研究…………………64
  第一节　"舰机融合"职业环境特点对航空专项体能的
     影响……………………………………………………64
  第二节　航空体育组训专项身体素质需求分析………………68
  第三节　舰载战斗机飞行学员航空专项体能组训策略………71

第四章　航空体育组训体系的设置要点与原则分析………………76
  第一节　航空体育组训体系的设置要点………………………76
  第二节　航空体育组训体系设计原则…………………………88

第五章　航空体育训练管理、组织与实施 …………………… 93
　　第一节　航空体育组训体系管理运行机制研究 ………… 93
　　第二节　航空体育训练的原则与方法 …………………… 102
　　第三节　航空体育训练的组织程序 ……………………… 115
　　第四节　航空体育训练计划制定 ………………………… 127

第六章　航空体育组训体系的内容设计 …………………… 135
　　第一节　航空体育基本理论及应用模块内容设计 ……… 135
　　第二节　航空体育训练技术及实践模块内容设计 ……… 138

第七章　航空体育组训过程中的卫生保健要点 …………… 143
　　第一节　航空体育中的运动生理卫生知识 ……………… 143
　　第二节　航空体育运动损伤的预防与处置 ……………… 169
　　第三节　航空体育训练的疲劳与恢复 …………………… 187

第八章　舰载飞行人员的体育健康生活方式设计 ………… 195
　　第一节　体育健康生活方式与飞行人员健康的关系 …… 195
　　第二节　飞行人员体育健康生活方式的主要内容 ……… 201

参考文献 ……………………………………………………… 207

第一章　航空体育组训体系概念解析及作用机制研究

我国军事体育训练专家指出，当代军事体育训练存在的主要问题是军事体育体能化、体能训练简单化、"以跑代训"常态化。为解决飞行学员由于上述问题引发的体能训练缺少针对性与训练伤病高发的情况，本书从舰载战斗机飞行员战训特点入手，通过分析该过程中舰载战斗机飞行员生理变化和身体能力需求，总结了飞行员和飞行学员训练过程中身体训练特点以及现存问题，并就舰载战斗机飞行员身体训练提出针对性解决方案，为今后航空类飞行员的素质训练与人员选拔标准提出建议。

航空体育是舰载机飞行学员培养单位全面发展教育的重要组成部分。航空体育的学习和训练不仅关系到舰载机飞行学员身心能否健康发展、能否具有强健的体魄和充沛的精力完成学习训练任务，而且关系到毕业后能否适应"舰机协同作战"的发展要求、持续地胜任部队需求。因此，舰载机飞行学员在基础教育阶段应充分认识航空体育的地位、作用、功能，明确训练目的、任务和要求，不断提升航空体育学习和训练的积极性、主动性，夯实飞行训练与作战的身心素质基础。本章主要围绕航空体育的内涵、航空体育对促进舰载机飞行学员身体的作用，以及航空体育的特征与功能进行介绍。

第一节 航空体育的基本概念

航空人才的培育历程，自战时的快速培养逐步过渡至稳定发展，从注重数量转向追求质量，历史演进的每一步都凝聚着前辈们对飞行事业不懈的追求和对未知领域的勇敢探索。航空体育亦经历了其自身的演进与成长。

一、航空体育的基本概念

要准确理解航空体育的概念，首先需对军事航空有一个恰当的认识："军事航空指的是为军事目的服务的航空活动，主要依托军事飞行器的力量，在其他相关力量的协同下，依据统一的计划和指挥，在海空战场上执行以空中威慑、空中支援和空中攻防为核心手段的作战行动，旨在夺取海空战场的优势。"

由于舰载机飞行员从事飞行任务与公共通用航空及其他军兵种战斗机飞行员的任务性质不同、最终目的不同，因而对舰载机航空飞行人员的身心素质、飞行技能素质、舰机工作能力等要求也不尽相同，尤其是在信息化作战的战争条件下及舰机融合的发展理念指导下，驾驭舰载军事航空飞行器对飞行人员的要求又进一步提升，要实现我国海军航空兵由岸到舰、由守到攻转变的理念，使海军航空飞行人员体质适应未来战争的需要，达到人、机、舰三位一体的最佳结合，提升制空制海权和"能打胜仗"的能力，就必须进行特殊的身体训练，不断提升舰载机飞行人员的飞行体能、飞行耐力、灵敏协调能力、抗负抗压能力、空间定向能力及心理素质，飞行人员良好的身心素质是其胜任军事飞行作战任务、提升战斗力的关键。

综上所述，本书中的核心概念"航空体育"是指："以特殊身体练习为基本手段，为促进飞行人员机体素质，磨炼其意志品质，使其适应舰载机和航空、航海环境，满足海空作战任务而采取的有计划、有目的、有组织的身体教育过程。"

二、航空体育组训体系概念

航空体育本质上是一门特殊的体育教育学科。在本书中，航空体育的组训体系不仅涵盖了航空体育课程，更构成了一个完整的体系，其内容包括航空体育教学、航空体能训练、航空体育活动、航空体育锻炼、航空体育比武竞赛，以及航空体育科目考核6个基本方面。这些方面共同构成了航空体育的总体组织架构，尽管它们因具体目标的不同而有所差异，但彼此之间紧密联系、相互渗透。与普通体育运动相同，航空体育亦是通过施加运动负荷于受训者以实现预期的训练效果。运动负荷的量度与强度决定了受训者在身体机能、运动素质、运动技能等方面能力的提升。科学合理的训练方法能够显著促进受训者的身心发展。

由于航空体育的特征和根本目的，使其具有区别于一般军事体育的特征，具有服从和服务于舰载机航空飞行训练与作战的功能特点。

（一）航空体育组训体系的特征

航空体育除具有一般体育的实际操作与运动规律应用相结合、运动实践与多学科理论相结合、挑战自我与心理品质培养相结合、组织复杂与安全防护相结合等共性特点外，还具有以下几个显著特征。

1. 训练内容的针对性

航空体育的内容构成立足于现代海空战争的需求，一切从海空战斗技能的提高出发。航空体育也追求运动能力的提高，但这种运动能力的提高在满足舰载机航空飞行训练与作战实践要求的前提下方可接受。例如，随着飞机性能的提高，飞行速度更快，机动性能更强了，战术变化也更加复杂，需要在很短的时间内完成复杂、细致的操控动作，这就要求飞行人员具有良好的协调反应能力，为此，航空体育主要通过搏击、球类、游戏等复杂连贯、节奏分明、变化多样的动作练习来提高飞行人员大脑皮层、分析器官对应的时间、空间、运动速度和运动幅度的判断力。同样，为了克服军事航空飞行中持续重力加速度和高角加速度对飞行人员的空间定向、操控、意识产生的障碍，在航空体育训练内容上，主要选择各种有加速度的旋转运动，分为辅助体操训练和专门器械训练。前者主要包括前后左右摇头运动、地面旋转操等项目；后者包括旋梯、固定滚轮、旋转秋千、弹跳板、蹦床、离心机、电动转椅，以及微机化动态平衡仪等项目。总之，航空体育所有内容都是为满足军事航空飞行需求而设置的，具有鲜明的针对性。

2. 参训对象的全员性

航空体育是我军舰载机飞行人员军事训练的组成部分。《中国人民解放军军事体育训练大纲》和《军队院校教学大纲》均规定，航空体育训练从舰载机飞行领导干部到普通飞行人员、从机关到部队、从飞行学员到飞行员，不论男女，不管职务、飞行等级高低，都要持续不断地参加航空体育训练。因此，从这个意义上讲，航空体育的参训对象具有全员性。

3. 职业需求的持续性

航空体育具有持续教育意义。因为良好的身体素质和机能水平的获得不是一劳永逸的，必须通过日常的航空体育训练才能保持。

在不同历史时期，随着军事航空飞行器与作战样式的不断变化，其对飞行人员的体质要求也会发生变化。因而，作为一名舰载机飞行人员，从接受飞行基础教育的那一天开始，一直到停止飞行，航空体育训练就应当成为其长期事业的一个重要组成部分。

4. 实施过程的强制性

航空体育训练既是飞行人员的权利，也是义务，更是责任。《中国人民解放军军事体育训练大纲》所规定的训练内容非常广泛，既包括基础体能的要求，如 3000m 跑、器械体操等，又包括专项体能要求，如旋梯、固定滚轮等。要达到或保持训练标准，训练中必须采取一定负荷强度的刺激。因此，体能训练过程中除了具有挑战性之外，还可能存在单调、枯燥、乏味等不良感觉。但是，只要对实现训练目标有利，对提高飞行技术和保证飞行安全有好处，就必须认真学习和训练，而且还要练好。人的运动兴趣是各不相同的，在实际组训中不可能满足所有人的运动兴趣。航空体育的管理者和指导者应加强对飞行人员航空体育价值观和责任感的教育，飞行人员从基础教育阶段开始，就应在飞行事业神圣责任感和使命感的驱动下，激发训练的主动性和积极性，并逐步培养起对航空体育运动的兴趣。因为运动兴趣不是天生的，而是后天在运动实践中逐渐形成和发展起来的。然而，在重视培养和激发飞行人员航空体育运动兴趣的同时，任何时候都不能削弱军队在航空体育训练中有关规定的强制性。

（二）航空体育的主要功能

1. 增强单兵体质，夯实体能基础

体质是指人体的内在质量，它基于遗传和后天获得性因素，体现为人体形态、结构、生理生化功能以及心理因素的综合且相对稳定的特征。体质是人类生命活动和各项工作的物质基础，涵盖体格、体能、有机体的适应能力以及心理状况等方面。体格指的是人体形态、结构和机能的发展状况。体能则涉及个体在进行身体活动时所展现的能力，包括身体素质（如速度、力量、灵敏度、柔韧性和耐力等）以及身体的基本活动能力（如行走、跑步、跳跃、投掷、攀爬等）。有机体的适应能力是指人体在适应外部环境变化时所表现出的机能能力，包括对环境的适应性、对疾病的抵抗力以及对伤病的修复能力。心理状况则涉及人的精力、精神状态、意志品质和气质等方面。通过航空体育训练，可以全面提升身体各方面的能力和水平，具体表现为促进身体形态的正常发展、良好的生长发育、健壮的体格、匀称健美的体型、端正的姿态；改善新陈代谢功能及各器官、各系统的效能；提升身体素质和基本活动能力；增强对外部环境的适应能力和对疾病的抵抗力；促进心理的健康发展。

体质是人类全面发展的基础。毛泽东同志在《体育之研究》中明确指出："体育不仅与德育和智育相辅相成，而且德智皆寓于体，无体则无德智。"他进一步阐述："体者，乃承载知识之车，亦是道德之寓所。""体育之效，可强筋骨，增知识，调感情，强意志。筋骨乃吾人之躯体，而知识、感情、意志则为吾人之心。身心皆宜，方为俱泰。"这些论述清晰地揭示了体质在人类全面发展中的核心地位。因此，增强体质，巩固体能基础，不仅对舰载机飞行人员的飞行职业生涯具有积极影响，而且对个人的学习、工作和生活也具有深远的意义。

2. 专项体能发展，提升作战效能

舰载机飞行人员的战斗力主要由以武器装备程度为核心的"物质战斗力"和以飞行人员素质（包括体能、谋略、精神、技能等）为核心的"人力战斗力"两个方面构成。提升空军战斗力，即要实现"物质战斗力"与"人力战斗力"的高度融合与互补。在相当长的一段时间内，提升"人力战斗力"以满足"物质战斗力"的需求，成为我军增强整体战斗力效能、确保"打赢"的必然途径。体能作为"人力战斗力"构成要素中的基础要素和生物保障,其发展对于提升作战能力至关重要,是航空体育最核心的功能。优秀的体能是海军航空兵部队战斗力和飞行人员其他素质的物质基础和重要因素,是航空作战主体在战争中充分发挥作用的前提,是海军航空兵部队战斗力的保障和战斗力"再生"的关键,也是衡量战斗力强弱的重要标准。

发展体能在提升舰载机飞行人员战斗力方面发挥以下三个方面的功能。

(1) 开展航空体育训练是实现"人、舰、机三合一"的保障。随着我国航空母舰建造事业的持续发展,军事航空装备现代化进程的加速,我海军主战飞机在训练和作战中呈现出"两长""四高"的特点,即长时间飞行训练、长距离飞行,持续高载荷、高载荷增长率、高角加速度和高认知负荷。这不仅对海空作战技战术提出了新要求,也对舰载机飞行人员体能提出了新的挑战。长时间、长距离飞行所需的长时间注意力集中和抗疲劳能力,需要通过航空体育训练来获得;战术训练中的协同能力和精准预判能力,需要通过航空体育训练来增强;甲板起降和空中格斗时,飞行器产生的高速度、高载荷、高角加速度对飞行人员机体各器官系统的影响,需要通过航空体育训练来降低和消除。因此,体能训练是飞行人员不可或缺的一项重要训练内容,它影响着军事航空装备性能和飞行人员技战术水平的发挥。

(2) 可促进舰载机飞行人员对军事航空技战术的掌握。航空体育与空天作战技战术训练之间存在着紧密的联系。空天作战技战术水平的巩固提高,必须以良好的体能为基础。航空体育训练与空天作战技战术训练都是技能、技巧掌握与练习的过程,也是条件反射建立的过程,通过训练不仅可以提高飞行人员大脑暂时性神经联系建立的速度,还可以提高条件反射的数量。实践证明,爱好航空体育运动且体能良好的飞行人员，其模仿力、接受能力更强。

（3）提高适应能力，减少飞行人员非战斗减员。现代战争已经打破了传统意义上的地域界限，海军的战略方针也由近海防御向远海防卫转变。由于作战地域的不确定性，各个地域的恶劣环境将随时遇到，这就要求海军航空飞行人员对各个海域、各种自然条件具有很强的适应能力。同时，现代战争的突发性、前后交叉性以及后勤补给的困难，使得飞行人员将随时面临自身生存的考验，特别是在母舰受到攻击或在某些特定条件下，飞行人员将主要依靠自身能量来维持生命。此外，飞行环境的快速变化和跨时区的飞行转场、作战，对飞行人员的时差、缺氧、低气压、冷热和暗光等适应能力都提出了较为苛刻的要求。因此，依据人体身心适应规律，提高舰载机飞行人员全方位的应变能力（包括疾病的抵抗能力、野战生存能力和病伤修复能力等），减少非战斗减员，是航空体育训练不可推卸的责任。

3. 磨炼意志品质，培养战斗精神

舰载机航空体育训练的高强度和高对抗性，要求参与者必须具备坚定的决心、顽强的毅力，不畏艰难、不惧疲劳，并且长期坚持才能取得成效。这种训练有助于塑造飞行人员勇敢、坚韧、不屈不挠、勇于克服困难的思想作风和意志品质。同时，航空体育的对抗性和竞争性，也能够培养飞行人员的机智、冷静、果断、英勇、进取，以及谦逊和纪律性等优秀品质和战斗精神。具备了这些良好的意志品质和勇敢顽强的战斗精神，飞行人员将能够保持旺盛的斗志和积极向上的精神状态，勇敢地面对各种艰难险阻和恶劣环境，展现出无畏的革命英雄主义精神，最终确保战斗的胜利。这对于在海空作战中防止情绪波动、树立必胜信念、保持清醒的判断力、妥善应对海天战场上的各种突发情况、确保战斗任务的顺利进行，具有极其重要的现实意义。

4. 活跃部队生活，促进文化建设

航空体育作为一种身体练习活动，其基本特征不仅限于锻炼身体，还能够产生深远的精神层面的作用和效果。这些作用和效果不仅具有文化的功能，还具有显著的效应。在新的历史条件下，我海军飞行人员的文化素质水平正在逐步提升，这自然对海军航空兵部队的文化生活提出了更新更高的要求。航空体育作为一种飞行人员休闲娱乐的积极手段，凭借其内容的丰富多彩、形式的生动活泼，以及活动特点的独具一格，深深地吸引着飞行人员。它已经成为舰载机航空兵部队文化生活中不可或缺的重要组成部分。与此同时，通过开展航空体育运动，能够有效地促进军事文化的建设和发展。

第二节 航空体育组训作用机制研究

航空体育训练的核心参与者是飞行人员。尽管舰载飞行人员的训练过程已经融入了诸多的元素，涉及多个层面，但其生物属性仍然是该群体最根本的特性。这一点决定了舰载飞行人员在进行任何身体活动时，都会不可避免地展现出其生物特征。因而，在实施航空体育训练时，须严格遵循人体的活动规律和特点。本节内容将主要聚焦于航空体育训练中的身心适应问题，深入探讨航空体育训练身心适应的基本原理，以及航空体育训练身心适应的主要特征，旨在为相关领域的研究和实践提供理论支持和指导。

航空体育训练对身心的适应性，是指飞行人员通过身体锻炼所形成的体态、生理功能及身体素质，以及心理过程的积极变化。深入理解并掌握航空体育训练的身心适应性，能够增进对航空体育训练重要性的认识，并促进我们在航空体育训练实践中更加自觉地应用。

航空体育训练的基本特征是身体练习，这种身体练习对飞行人员来说，最根本的目的在于改善体质、增强体能，从而提高官兵在军事斗争准备和遂行多样化军事任务中的适应能力和作战能力。体质是人的有机体在遗传变异和后天获得性的基础上表现出来的机能和形态上相对稳定的特征。科学研究表明，人的体质具有极大的可塑性。它与遗传变异有关，还与后天的营养、劳动、生活环境、身体训练等密切相关，其中经常的、科学的身体训练对体质的影响最为积极有效。实践已证明，航空体育训练增强体质的适应表现在以下几个方面。

一、促进体格健壮

体格健壮不仅象征着身体健康，也是精神风貌的体现之一。它是发展体能和改善体质的重要物质基础。体格健壮的首要标志是生长发育良好，体型健美、姿态端正。体型健美表现为身体匀称，和谐健壮；姿态端正则要求有正确的、美的站、坐、走的姿态。体型的改善和正确的身体姿态，可以促进人的身体外形的改善和气质的提升，在某种程度上也反映着有机体机能的完善程度。

二、全面发展体能

体能实质上是有机体各器官、系统的机能在肌肉活动中的反映。提高有机体机能的过程和全面发展体能的过程是一致的。例如，发展了耐力素质，有机体的心血管系统、呼吸系统和肌肉工作的耐久力都会得到相应的发展。因此，通过军体训练，全面发展有机体的基本活动能力、身体素质和训练能力，能有效地促进有机体的形态和机能的全面协调发展。

三、提升适应能力

适应能力包括对外界环境的适应能力、对疾病和非良性刺激的抵抗能力。由于航空体育训练是在各种气候和环境条件下进行的，能提高有机体的体温调节能力和有机体对外界环境变化的敏感度。再则，经常在各种特定的技术、战术要求下进行训练，可以扩大人们的视野，提高大脑皮层对各种感觉的分析能力，使本体感觉敏锐、时空感觉精确、判断准确、反应迅速、灵活、协调，从而提高有机体对外界环境变化的适应能力。

四、调节心理健康

航空体育训练除了可以有效地改善身体各器官的功能外，对促进和调节官兵的心理健康也有突出的作用。

（1）航空体育训练能促进健康情感的发展，情感是人对客观事物与人的需要之间关系的反映。情感是在认识的基础上产生、发展和变化的主观体验。首先，由于军体训练项目的多样性和训练环境的复杂性，能发展官兵的愉快、乐观、友爱、同情等多种多样的情感；其次，航空体育训练是个体与集体相结合的活动，在训练中可以使官兵的情感社会化，认识到自己是集体中的一员，人与人之间要相互帮助，养成热爱集体、互帮互谅的集体主义精神；第三，航空体育训练具有竞争性强的特点，在训练和竞赛中可以增强官兵吃苦耐劳、克服困难的顽强拼搏和乐观主义精神；第四，航空体育训练还有助于培养官兵的道德情操、美感和理性思维等。

（2）航空体育训练能培养良好的意志品质。意志是指人们自觉地确定目的并支配其行动以实现预定目的的心理过程，意志品质是意志的具体表现，存在个体的差异。一个人的意志品质表现在各种行动中，这种品质就成了他的性格特点。良好的意志品质主要有自觉性、果断性、主动性、自制性、顽强性和勇敢性等。航空体育训练能培养官兵坚强的意志品质，是促进其意志品质发展的有效手段和方法。航空体育训练和竞赛有明确的目的性，为了达到训练和比赛的目的，要有克服困难、战胜"对手"的顽强勇气和信心；在瞬息万变的训练、比赛过程中，必须当机立断，毫不犹豫，迅速选择应变措施，能培养一个人的决断力；在航空体育训练或比赛中，要有艰苦训练的坚韧性，有遵守比赛规则和为了集体利益克服个人欲望的自制力，能培养一种主动性与自觉性相结合的意志品质，使官兵自觉、积极地参加各种航空体育训练；军体训练能培养坚定、勇敢、果断、顽强等良好的意志品质，这些品质会迁移转化到官兵的学习、工作和生活中去，成为提高工作效率和其他军事技能学习、训练效果的重要心理因素。因此，航空体育训练能培养坚强的意志品质，坚强的意志品质又能促进航空体育训练的蓬勃开展和长期坚持，也是达到增强体质和提高体能的必要条件之一。

（3）航空体育训练能增进和保持较高的心理应激水平。心理应激是指人体受到强烈的物理、化学、生物等作用或情绪发生变化时，在没有产生特异性的病理损害前发生的一系列特殊的应答性反应。较高的应激水平，可避免一般刺激对人体的损害，遇到需应激的外界因素时，也能保持较平和的情绪。科学研究已证实，长期参加航空体育训练，能使官兵的健康水平和心理承受能力都处在较高水平，为提高心理水平奠定基础。航空体育训练过程中的应激训练是应对应激事件的有效方法。

第三节　航空体育训练身心适应的基本原理

身心适应指的是有机体在面对内外环境变化时，持续寻求平衡的过程。在通常情况下，人体的各个器官系统与心理活动之间相互制约、相互协调，维持着一种相对平衡的状态。这种平衡状态是人体生存和正常生理活动不可或缺的条件。当外部环境发生改变时，机体内环境的平衡会受到干扰，此时，体内各种功能必须重新调整，以保持机体与外部环境之间的平衡状态，这一过程即为适应。适应是生物活动的基本法则之一，也是飞行人员通过航空体育训练提升体质、增强身体能力的生物学基础。航空体育训练的核心在于飞行人员的身体锻炼，它体现了飞行人员在外部环境刺激作用下所经历的生理和心理变化及发展过程。其终极目标是增强飞行人员的体质，提升体能水平，从而增强战斗能力。

一、航空体育训练的生物适应

所谓"训练生物适应性"，是指飞行人员在外界环境（涵盖自然环境、训练环境、战争环境，尤其是训练负荷）的刺激作用下，其机体所展现的生物学上的"动态平衡"状态（主要表现为能量补充与消耗的平衡）。这一过程遵循"刺激—反应—适应—再刺激—再反应—再适应"的规律，随着对重复出现的负荷刺激的适应，机体将展现出"节省化"趋势（在消耗较少能量的情况下仍能承受负荷），表明机体已对原有刺激产生了适应性，并能轻松应对，反映出机能能力的提升。因此，必须施加新的、更大的刺激。航空体育训练就是一个不断向飞行人员机体施加适度刺激的过程，通过反复的刺激来提高机体的生物适应性，进而增强飞行人员的身体素质。航空体育训练的目标是通过合理的训练安排，打破人体原有的生物适应性平衡状态，促使机体在更高层次上形成新的生物适应性平衡。

从广义上讲，生物适应性是一个涵盖所有生物体的概念。人们对于各种环境刺激所产生的生物适应性通常称为一般生物适应性，而特指航空体育训练所引发的机体生物适应性则称为训练生物适应性（也称为航空体育训练适应性）。

二、航空体育训练适应的意义

航空体育训练的适应性是提高飞行人员身体机能和增强飞行人员体质的生物学基础，这一点对于提升部队整体的战斗力具有极其重要的积极意义。通过科学合理的航空体育训练，可以有效地促进飞行人员身体素质和心理素质的全面提升，从而确保在执行飞行任务时能够达到最佳状态。此外，航空体育训练还能够帮助飞行人员更好地适应各种复杂的飞行环境，提高应对突发事件的能力，确保飞行安全。因此，航空体育训练不仅对飞行人员个人的健康和能力提升至关重要，而且对于整个飞行部队作战效能和安全水平的提高也发挥着不可或缺的作用。

（一）航空体育训练适应是不断提高飞行人员身体机能的生物学基础

不断提高飞行人员的身体机能是航空体育训练的重要任务之一。现代高技术战争要求动员和最大限度地挖掘飞行人员的机能潜力，而人体机能的不断提高依赖于训练适应过程。飞行人员机体对肌肉活动的训练适应表现为以最小的能量消耗和对内环境恒定的最小破坏，以及维持肌肉能源物质的良好平衡来保证训练任务的完成。这意味着原先需要付出极大努力才能完成的工作，现在只需要较小的努力就可以完成了，这时机体可以承受更大的训练负荷，并表现出更好的机体能力。只有通过对机体不断施加训练负荷的刺激，使其产生训练适应过程，才能使飞行人员的身体机能不断提高。

（二）航空体育训练适应是提高战斗力的生物学前提

飞行人员战斗力的提高，正是训练适应过程高度发展的结果。

优良的战斗力状态要求飞行人员在各器官系统的形态、机能、身体素质、军事技术、军事战术及心理状态等方面的训练适应都达到相对完善的程度，并和谐地结合成一个整体。在训练过程中，可能会出现身体素质衰退的情况，但这也只是暂时的训练反适应性衰退的结果。这种反适应性衰退又使飞行人员的机体得以恢复，并进一步发展新的训练适应，在高一级的水平上重新形成良好的素质状态，取得更好的训练效果。

（三）航空体育训练适应是飞行人员身体训练理论的生物学依据

航空体育训练理论是对飞行人员身体训练实践经验的归纳与提炼。该理论基于对航空体育训练客观规律的深入理解，并在训练实践中发挥着指导作用。只有当航空体育训练理论根植于训练适应性及其他运动训练的客观规律时，它才能经受住实践的考验，进而形成一套科学的理论体系，确保航空体育训练朝着正确的方向发展。依据训练适应性的客观规律，如训练适应性与负荷及恢复之间的关系等，才能合理地规划训练负荷。

三、航空体育训练适应的构成因素

"训练适应性"指的是通过持续训练所培养出的能够满足战争或战斗需求的各类机体运动能力的生物适应性。这些能力在一定程度上代表了飞行人员的战斗效能。换言之，航空体育训练的核心目标是通过身体锻炼，达到最大程度的战斗效能的训练适应性，确保飞行人员能够应对随时可能出现的紧张、恶劣、危险的战斗环境，并取得战斗的胜利。因此，航空体育训练适应性的构成要素即为各种身体能力的最佳生物适应性。所谓的训练水平，实际上是指飞行人员各项身体能力的训练适应程度。

从体质的角度来看，"战斗力"是指飞行人员为在战争或战斗中取得胜利所必需的身体能力，它是飞行人员体能、技能、战术能力、智能、心理能力和思想作风能力的综合体现。因此，训练适应性主要由以下几个方面构成。

（一）生理机能的训练适应性

生理机能的训练适应性主要体现在心血管机能、呼吸机能以及能量代谢方面的生物适应。这种训练适应性决定了飞行人员承受高强度训练的能力，具体表现为在静息状态和训练过程中机能的节省化，例如，在静息状态时，心率降低、血压下降，在定量负荷时，心率、血压、心输出量相对较小，肺活量、最大肺通气量和最大吸氧量增加等。

（二）身体形态的训练适应性

身体形态的训练适应性主要表现在肌肉和细胞结构上的生物适应性变化。例如，骨骼、肌肉体积和重量的增加，关节灵活性、柔韧性的提升，肌红蛋白含量的增大，肌肉能源物质和肌凝蛋白含量的增加，以及酶活性的提高等。通过训练，细胞体积增大，肌纤维变粗，这种训练适应性直接决定了力量、速度等运动素质的提升。

（三）心理训练适应性

心理训练适应性主要指神经系统建立各种动作条件反射和保持良好的心理状态，以适应复杂多变的训练或模拟战场环境的影响。这种训练适应性是掌握复杂技术战术动作，提高技能、形成良好的稳定训练与实战心理状态的基础。

（四）健康训练适应性

健康训练适应性是指通过合理的生活安排、饮食、营养、医务监督和科学安排训练等措施，提高飞行人员的健康状况，降低伤病率，从而增强机体对外界不良刺激的抵抗力。这对于确保飞行人员的正常训练和战斗力的维持至关重要。

（五）运动能力适应性

运动能力适应性是飞行人员最终需要形成的狭义的身体能力的适应性。主要包括飞行人员各种身体运动素质的提升，技能和战术能力的完善，以及应变能力、理解能力、分析解决问题等智力能力的提升。这些能力是提高飞行人员专项身体能力与开展飞行人员特殊训练和专门化的身体素质训练的基础，尤其是飞行人员的基本身体素质，直接关系到飞行人员战斗力水平的提升。

四、航空体育训练适应的种类

从训练适应形成的时间跨度来看，训练适应可分为短期训练适应与长期训练适应。短期训练适应主要指机体在经历训练刺激后，在短时间内形成的临时性适应状态。这种适应是对训练刺激的一种即时反应，具有不稳定性。一旦训练刺激消退，这种适应状态会逐渐减弱直至最终消散。例如，在常规训练课程中，飞行人员在承受包括生理和心理在内的负荷刺激后，心率、血压、肺活量、每搏输出量、耗氧量等生理指标会立即上升，以满足外部负荷刺激的需求，并实现机体活动能力与外部刺激之间的临时性平衡。长期训练适应指机体在持续、长期的训练刺激下，如在特定的训练阶段或训练年限中，逐渐形成的稳定适应状态。具体表现为飞行人员对各种刺激的承受能力得到提升，身体能力或身体素质实现了稳步增长。训练适应过程主要是人的机体对外部刺激的一种生理适应过程，因而有必要了解此过程的生理机制。短期训练适应和长期训练适应的生理机制既有共同之处，又有一定的区别。

（一）航空体育短期训练适应的生理机制

飞行人员的短期训练适应过程主要经历四个阶段。

1. 第一阶段：施加训练刺激阶段

训练刺激涵盖多个方面，包括训练中的负荷、技术要求的难度和规格、不同训练场地和器材，模拟演习中的身体负荷、战场环境模拟、指挥员命令、武器装备、气候，以及日常生活中的饮食和时差等。飞行人员无时无刻都在接受来自这些方面的各种刺激。

2. 第二阶段：产生应答反应和代偿性反应阶段

在外部刺激的作用下，飞行人员的机体内外感受器产生兴奋，并将兴奋传递至运动器官和内脏器官，促使它们迅速进入工作状态。这种直接反应表现为脉搏加快、血压升高、呼吸加剧，从而使机体迅速适应突如其来的刺激。

3. 第三阶段：产生局部或整体适应阶段

在持续接受刺激后，机体各器官和系统的机能状况从最初的急剧上升逐渐趋于稳定。当机体某项指标不再上升，但能够承受外部刺激时，表明机体已对刺激产生了训练适应。

4. 第四阶段：训练适应消失和恢复阶段

当不再承受特定刺激（如负荷刺激）后，已获得的适应性从最初的稳定状态逐渐下降并消失。具体表现为脉搏、血压等指标逐渐回归正常水平，这表明飞行人员的身体进入了恢复阶段。

从生理应激学说的角度来看，训练适应的本质在于：一方面调整飞行人员机体各器官系统对刺激的感应阈；另一方面提升飞行人员对强烈刺激的应变能力。

（二）航空体育长期训练适应的生理机制

长期训练适应是短期训练适应效益的累积，主要经历以下四个阶段。

1. 第一阶段：身体能量储备阶段

在此阶段，飞行人员根据训练计划持续承受尚未适应的短期外部训练刺激，必须不断动员机体的身体能量储备，并通过反复重复短时的训练适应效果，以促进长期稳定的训练适应的形成。

2. 第二阶段：结构与机能改造阶段

在此阶段，通过全面增加和系统重复各种外部训练刺激，相应的机能系统和组织器官产生明显的结构和机能改造。

3. 第三阶段：稳定的长期训练适应的形成阶段

在此阶段，形成了稳定的、相互协调的长期训练适应。

4. 第四阶段：长期训练适应的衰竭阶段

若训练安排不合理，如承受过度训练负荷或过大的强度负荷，则长期训练适应的某些机能会出现衰竭的情况。例如，可能出现肝脏和心脏的代偿性肥大等症状。

通常，采用"维持性负荷"即可保持已达到的长期训练适应水平，完全停止训练或急剧地长时间降低训练负荷会引起训练适应的消退，已获得的各种机能和结构就会消失，且训练适应消退的速度与获得时间成反比。例如，在两个月紧张的力量训练后完全停止练习，经过1.5~2周后，力量素质就会明显下降，经过2~3个月就会降至原来的水平。因此，一方面要避免适应消退和再适应过程的频繁出现，另一方面也要避免使用长时间、高强度的刺激去产生训练适应。

五、航空体育训练身心适应的基本特性

航空体育训练身心适应的基本特性主要包括训练适应的普遍性、可逆性与系统性、定时性与阶段性、异时性与交叉性、针对性

与特殊性等。此外，适宜的刺激强度也是切实提高飞行人员体能和增强体质的一个基本特性。

（一）训练适应的普遍性

航空体育训练适应的普遍性是指在飞行人员的身体形态、身体机能、身体素质、军事技术、战术、心理和智能过程等方面都能发生训练适应现象。

1. 飞行人员身体形态和身体机能的训练适应性

飞行人员各器官系统形态机能的适应性变化通常表现在以下几个方面。

（1）神经系统。神经过程灵活性提高，均衡性增强，中枢神经系统对所有器官活动的调节和自我调节作用都有所改善，植物性神经系统对内脏器官的调节速度加快，调节机能经济化。

（2）运动器官系统。骨骼关节、韧带和肌肉的形态与生理生化机能适应性的改善，使运动器官承受负荷能力增强，身体形态适应使灵活性和柔韧性得到发展，逐步提升肌肉的营养和代谢物质的运输能力。

（3）心血管系统。安静时和定量负荷时的心率、血压和心输出量等指标的机能出现节省化。如安静时心率下降，血压降低；定量负荷时心率、血压、心输出量变化相对较小，极限负荷时机能增强。

（4）呼吸系统。呼吸肌肥大，肺容量和肺泡表面积增大，从而使肺活量、最大肺通气量和最大吸氧量增加。

（5）能量代谢系统。机体各种能源物质含量增加，酶活性提高；运动时动员和利用能源物质的能力得到改善，有氧供能和无氧能力提高。

2. 飞行人员身体素质、军事技术和战术的训练适应

（1）身体素质。通过训练可使飞行人员的力量、速度、耐力、柔韧性等身体运动素质达到较高水平。例如，体能训练引起的肌肉肥大，神经系统调节机能改善，肌肉起始长度增加等变化，可提高力量素质。

（2）军事技术。军事技术的训练适应表现在技术的形成和运用两个方面。军事技术的形成在于身体素质和技能的不断改进和创新。在训练过程中，随着飞行人员身体素质的发展、军事技能的增多和完善，形成新的军事技术动作就越来越容易。

（3）军事战术。通过战术训练可使飞行人员在一定的身体素质和技术的基础上，根据训练和实战的需要形成特定的战术意识和战术行为。

3. 心理和智能的训练适应

通过航空体育训练可使飞行人员在战斗中所必需的智能和心理过程得到改善。如动作感觉、动作表象、注意分配和集中、动作记忆、分析战术行为和解决战术任务等方面能力得到完善，积极情绪和意志力得到发展。航空体育训练还可使影响战斗发挥的飞行人员的个性心理特征得到发展。

（二）训练适应的可逆性与系统性

短期训练适应是长期训练适应的基础。由于经常、反复的短期训练适应的积累，才使机体的训练适应得到最大的提高，并得以稳定下来。此时身体能力才能得到真正的、明显的提高。

由于训练适应具有可逆性和累积性适应，因此，要使飞行人员的体质产生各种良好的训练适应的积累，只能通过系统连贯和长期的训练，短期的训练难以形成明显的训练适应性变化的积累，时断

时续的训练不仅无法形成这种训练适应性变化的积累，反而会使已有的训练适应性逐渐消退，因为生物适应性是可逆的，这与"用进废退"的生物进化规律是一致的。对于大负荷刺激的训练适应，只有通过大负荷训练才能获得，当训练中降低负荷的要求，或因停训而消除这种刺激时，机体就没有保持这种高水平训练适应性的必要了，因而必须使训练全过程中每个训练节点都与上一个训练节点有机地衔接起来，才能使飞行人员机体产生一系列良好的训练适应性积累。制定长期训练过程的周期性训练计划时，必须依据这一规律去考虑其具体的系统训练科学安排方案，以便为最终获得最高的训练效果打下良好的生物学基础。

（三）训练适应形成的定时性与阶段性

训练适应的产生和积累是需要一定时间的，因而在多年系统训练中，形成最佳身体能力是有一定的时间要求的。根据统计表明，在航空体育训练过程中，飞行人员达到最佳身体状态存在一定的时间性，即达到身体的最佳状态存在最佳的年龄界限。虽然航空体育训练的项目不同、训练对象性别不同，但通过长期的航空体育训练却可以达到比较稳定的身体状态。

（四）训练适应形成的异时性与交叉性

人体存在一定的时间节律，即各种身体能力根据不同的时间表现出不同的特点。训练时，要根据这种生物学变化规律开展不同项目的训练，即训练的异时性。同时，不同军体项目的训练也存在着交叉性。

1. 异时性

人的机体的生长发育和机能能力的发展是有一定的内在异时

性变化规律的。也就是说，训练适应性的产生不仅需要一定的时间进行积累，而且，不同训练适应性的出现是有一定的时间性的。一般来说，机能的适应往往先于形态结构的适应，神经系统的适应先于代谢活动的适应。神经系统和肌肉、肢体的状况最早发生变化；代谢活动产生机能和结构变化需要的时间较长，往往以周进行计算；而支撑韧带组织的适应性变化需要的时间最长，是以月进行计算。在以上过程中，中枢神经系统的训练适应比植物性神经系统发生得早；运动器官的训练适应性比内脏器官较容易形成；而能量代谢方面，能源物质的适应性比酶的活性适应性要早，最后才是代谢调节方面适应性的产生。

从身体能力看，先形成素质的训练适应，之后才形成技术、战术训练适应；先形成心理过程的训练适应（如运动知觉、运动表象等），再形成个性心理特征的训练适应（如性格、气质等）。

2. 交叉性

各种身体能力和机能、形态等训练适应的产生不仅具有异时性特点，而且训练适应还具有交叉衔接式的形成规律，也就是说，它们不是按分段式的方式形成，各种身体能力训练适应是相互交错形成的。身体素质及能力的敏感发展期是训练适应的最佳形成期。从运动素质来说，一般运动素质敏感发展期为11～21岁，而专项素质为14～21岁，明显地表现出交叉衔接的发展趋势。

（五）训练适应的针对性与特殊性

训练手段不同，对飞行人员的机体所产生的刺激不同，飞行人员对这种刺激所产生的适应性反应也不同，因而所形成的训练适应不同。例如，耐力性训练手段对有氧供能系统产生作用，它会产生心脏体积增大、肌肉中毛细血管和有氧代谢酶数量增多、功能加强等适应性变化，从而使飞行人员的有氧代谢能力和耐力素质得到提高；而力量性训练手段则会促使肌肉结构与功能产生新的生物适应性，如肌纤维增粗、肌肉横断面加大、肌肉运动单位同步化程度提高、肌群之间的协调性提高等，从而提高飞行人员的力量素质。即使是同一训练手段，由于训练负荷的不同，也存在一定的差别。因而，在制定训练计划时，有针对性地优选训练手段，并使之有机、合理地串联运用是十分重要的。

不同个体的生物适应性是不同的，这不仅表现在训练适应的年龄阶段性特点的不同，而且也表现在男女个体和不同训练水平个体上的差异。

因此，训练中机体对训练适应的特殊性表现在不同性质的训练负荷可引起特殊的适应性变化。例如，力量负荷和耐力负荷训练使肌肉产生的训练适应现象是截然不同的。力量性训练产生肌肉肥大，以及中枢神经系统机能提高等适应现象；耐力性训练的增加会产生有氧能力和长时间工作能力的适应现象。力量训练，特别是静力力量训练所产生的肌肉肥大适应现象，会对耐力素质产生不良影响，不利于发展耐力。

不同性质的训练负荷引起机体能源物质的消耗以及后续的超量恢复程度也有所不同。速度性负荷时肌肉磷酸肌酸（CP）消耗最大，训练后 CP 含量急剧增加；耐力性负荷对肌肉中 CP 几乎没有影响，而使肌糖原、磷酸脂的含量增加；力量性负荷时蛋白质消耗量大，因而引起蛋白质含量增加。

军事技术和军事战术训练所引起的适应过程更具有特殊性。障碍训练与武装泅渡训练引起的适应是不同的。训练适应的特殊性是提高专项训练效果的基础。航空体育训练的大部分训练课目的专项成效需要不同素质的结合，如武装越野项目，需专项耐力和专项力量。由于这两个素质训练适应的相反特性，机体在力量与耐力两方面的训练适应必须相互协调，寻求这两种素质的最佳组合，以保证取得良好的训练成效。

(六)训练适应形成的适宜刺激度

无论是短期还是长期训练适应的形成都有一个刺激的相对适宜程度和持续时间。过大或过小、过长或过短的外部训练刺激都难以形成最佳的训练适应。例如,飞行人员的关节灵活性,只有在每天进行一定时间的练习才能得到最佳的改善,而最大力量的训练则是每周进行三次较为适宜,过小的刺激往往难以引起机体对该刺激产生更大的应答性反应和训练适应性。但是过大的外部训练刺激往往导致训练的性质、数量与身体能量的储备,以及相应的生物学结构的适应能力之间的最适宜的比例遭到破坏,从而影响了最佳训练适应性的产生。

第四节　航空体育训练身体适应的基本规律

航空体育对于提高飞行人员的战斗力素质具有重要价值,但航空体育训练和飞行人员身体素质的提高有着客观的人体生物学和心理学适应规律,只有遵循人体机能对训练的适应规律,合理安排训练结构,使训练安排对身体机能变化的适应处于超量恢复状态,才能通过航空体育训练有效地提高飞行人员的身体素质,真正发挥航空体育增强战斗力的功能。

一、航空体育训练的身体机能变化规律

在航空体育训练过程中,机体会产生一系列的生理和心理变化,同时机体功能对这一系列变化有一个适应过程,这一适应性的产生过程有一定的规律。

从准备训练开始,飞行人员的身体机能就承受着一定的负荷,吸氧量增加,各器官系统功能也发生剧烈变化,体内能源储备逐渐被消耗,这一时期称为工作阶段;经过休息和运动内容的变化,训练负荷下降,体内能源物质及各种功能指标逐步恢复到接近工作前的水平,称为相对恢复阶段;恢复到原有水平,而且还可超过原来的水平,从而提高机能能力,称为超量恢复阶段。如果运动后,间隔时间过长,机能能力又会降低到原来水平,称为复原阶段。这就是恢复和超量恢复的过程和规律。如果把运动所引起的超量恢复的效果综合积累起来,就会引起机体在形态和机能上的适应性变化,这就是机能适应性规律的原理。通过不断的训练适应过程,使飞行人员身体机能产生相对稳定的机体适应性变化,从而有效地提高飞行人员的身体机能水平。

(一)航空体育训练的训前身体机能变化

在航空体育训练前,特别是在体能考核或重大比赛前,人的某些器官和系统的机能会产生一系列条件反射性变化,统称为训前身体机能变化。它可产生在训练前或考核、比赛前数天、数小时或数分钟。

1. 训前机能状态变化及其产生机制

训前机能状态变化主要体现在人体神经系统兴奋性的提升、物质代谢的加速、体温的升高,以及内脏器官活动的增强。例如,心率的加快、收缩压的升高、肺通气量和吸氧量的增加,以及出汗和尿频等现象。训练前状态反应的强度与个体的机能状态和心理状态密切相关。训练难度越大、实战性越强,以及考核或比赛的级别越高,训练前的反应就越明显。训练者的情绪紧张、训练水平较低、考核或比赛经验不足也会导致训练前反应的增强。

训前机能状态变化的产生机制可以通过条件反射机制来解释。

在日常训练过程中，训练场地、器材、队伍集合、组训者的表现等信息不断作用于训练者，并与训练或训练中肌肉活动时的生理变化相结合。久而久之，这些信息就转变成了条件刺激，只要这些信息或刺激出现，训练前的生理变化就会表现出来，从而形成了一种条件反射。由于这些生理变化是在训练的自然环境下形成的，因此其生理机制属于自然条件反射。

2. 训前机能状态变化的生物学意义及其调整

训前机能状态的差异对训练成效、考核或竞赛表现具有显著影响。通过对航空体育训练规律的研究，发现飞行人员在训练前的机能状态可根据其生物学反应划分为三种类型。

(1) 正常准备状态。其特征为中枢神经系统适度兴奋，植物性神经系统及内脏器官的惰性得到克服，工作状态的启动时间相应缩短，这有利于提升机体的工作能力和运动表现。

(2) 表现热症状态。其特征表现为中枢神经系统过度兴奋，伴随过度紧张、睡眠和饮食不宁、四肢乏力、轻微颤抖和喉咙阻塞等不良生理反应，从而导致训练者的工作能力和运动表现降低。

(3) 表现冷淡状态。其特征通常是由于训练前过度兴奋而引发的超限抑制，表现为对训练缺乏热情、全身无力，因此无法充分发挥机体的工作能力。

3. 不良训前机能状态的调整策略

人体在训练前出现的机能状态变化是一种自然的条件反射，因此具有较大的可塑性。为了增强训练期间的人体机能，组织训练者应当对训练者在训练前、考核或比赛前表现出的训练前热症和训练前冷淡状态进行适当调整，以达到最佳的准备状态。因此，训练者需不断提升心理素质，正确理解训练或考核、比赛的重要性；在训练过程中积累经验；训练前应做好准备活动，若训练者兴奋度不足，可进行一些强度较大的与训练内容相似的练习,若训练者兴奋度过高,则应降低准备活动的强度,安排一些轻松的活动以转移注意力。按摩同样可以调整兴奋度,例如,力度较大的叩击有助于提升兴奋度,而力度较轻的揉、抚摩则有助于降低兴奋度。此外,训练前或考核、比赛前遵守作息制度也极为关键,作息安排应尽可能与训练、比赛的条件保持一致。

(二)航空体育训练准备活动的身体机能变化

准备活动是指在航空体育课目训练前或航空体育考核、比赛之前,有目的地进行的身体练习活动,以形成良好的训(赛)前机能状态。

1. 准备活动的生理作用和机制

准备活动的生理作用可归纳如下。

(1)提高中枢神经系统的兴奋性,增强内分泌腺的活动,为使正式练习时生理功能迅速达到最适宜程度做好准备。

(2)增强氧运输系统的活动,使肺通气量、吸氧量和心输出量增加,心肌和骨骼肌中毛细血管网扩张,工作肌可以获得更多的氧供应。

(3)使体温适度升高。准备活动时,由于肌肉频繁地收缩和舒张,促进体内的物质和能量代谢,使产热过程加强,体温升高。体温升高可以提高酶的活性,体温每上升1℃,代谢率增加13%;体温适度升高能使神经传导速度加快,肌肉收缩速度增加,氧离曲线右移促进氧合血红蛋白的解离,有利于氧的供应。研究表明,人体活动的最佳体温是37.2℃,而肌肉温度为38℃。

(4)降低肌肉的黏滞性,增强弹性,预防运动损伤。

(5)增强皮肤的血流,有利于散热,防止正式练习或考核、比赛时体温过高。

综上所述，准备活动对其后进行的正式训练或考核、比赛有良好的影响，其主要生物学机制是通过预先进行的肌肉活动在神经中枢的相应部位留下了兴奋性增强的痕迹，这一痕迹产生的生理适应使正式练习或考核、比赛时中枢神经系统的兴奋性提高，调节功能得到改善，内脏器官的功能惰性得到克服，生化反应加快进行，有利于机体发挥最佳功能水平。但痕迹适应不能保持很久。研究证明，准备活动后间隔 45min，其痕迹适应将全部丧失。

2. 影响准备活动生理适应的因素

影响准备活动生理适应的关键因素包括：进行准备活动的时间长度、强度，与正式训练或考核、比赛的时间间隔，以及活动的内容和形式。经实验证实，适宜的准备活动强度应为最大摄氧量的45%，心率在每分钟 100～120 次，且持续时间宜在 10～30min。除此之外，还应依据年龄、季节、训练科目、训练水平及个人特征等因素，对准备活动进行适当调整。总体而言，准备活动的强度和持续时间应以体温升高为主要参考指标。准备活动结束与正式练习或考核、比赛的时间间隔通常不应超过 15min，在常规操练中，以 2～3min 为宜。

（三）航空体育训练过程的身体机能变化

在训练初期，训练者的各器官系统无法立即达到最佳工作状态，而是在一段时间的训练后逐渐提升。因此，身体工作能力逐渐增强的过程称为进入工作状态。例如，在 400m 障碍跑项目中，训练者通常在 60～80m 处达到最高速度，而在篮球比赛中，球员的投篮命中率往往在比赛开始后的几分钟内才逐渐提升至最高水平。

1. 进入工作状态的生理机制

人体训练不仅受到物理惰性的制约，更主要的是受到生理惰性的影响。生理惰性与生理功能的逐步提升和协调密切相关。具体而言，人体的随意训练或反射活动均在中枢神经系统的控制与整合下进行，从感受器将刺激能量转化为神经冲动，到神经冲动的传导、突触传递、中枢间功能活动的逐步协调以及肌肉收缩，均需经历一段时间。动作的复杂程度越高，所需时间越长。其次，肌肉活动的进行必须依赖内脏器官的协调配合，以获取能源物质、氧气并清除代谢产物，这一协调过程需要机体各种调节机制的参与。内脏器官的生理惰性相较于运动器官更为显著。控制内脏器官的植物性神经传导速度较慢，并且在传导路径中存在较多的突触联系（神经冲动每经过一个突触需耗时 0.3~0.5ms）。此外，在调节内脏器官产生持续活动的过程中，神经-体液调节作用显得尤为重要。神经系统调节内分泌腺分泌激素，随后激素随血液循环到达目标器官，改变其功能状态，这一系列生理活动相较于神经调节具有更大的惰性。因此，内脏器官的生理惰性较大是导致进入工作状态的主要因素。研究显示，在未进行准备活动的情况下，进行 1500m 跑步训练时，呼吸和循环系统的活动需要在训练开始 2~3min 后才能达到峰值，而骨骼肌在 20~30s 内即可发挥出最大工作效率。

2. 影响进入工作状态的主要因素

为提高训练效果应尽量缩短进入工作状态的时间。进入工作状态所需时间的长短取决于训练强度、训练性质、个人特点、训练水平和当时机体的功能状态。在适宜训练负荷下训练强度越高，进入工作状态的时间就越短；动作越复杂、活动变换越频繁，进入工作状态越慢；训练水平越高，当时的功能状态越好，进入工作状态越快。年龄和外界因素（场地、气候等）也能影响进入工作状态的时间。据研究，青年人进入工作状态的时间比中年人短。场地条件好、气候温暖适宜可以激发训练欲望，迅速调动身体功能，及早适应工作。此外，良好的训前状态和充分的准备活动有助于机体缩短进入工作状态的时间。

二、航空体育训练的身体机能稳定状态

在训练进入工作状态阶段结束后，人体的机能活动在一段时间内保持在一个较高的变动范围不大的水平上，这种机能状态称为稳定状态。稳定状态可分为真稳定状态和假稳定状态。

（一）真稳定状态

在进行小强度和中等强度的长时间训练时，进入工作状态阶段结束后，机体所需要的氧气可以得到满足，即吸氧量和需氧量保持动态平衡，这种状态称为真稳定状态。在真稳定状态阶段，肺通气量、心输出量、血压及其他生理指标保持相对稳定，训练中的能量供应以有氧氧化供能为主，产生的乳酸很少，训练的持续时间较长，可达几十分钟甚至几小时。真稳定状态保持时间长短的关键在于氧运输系统的功能，该功能越强，稳定状态保持的时间则越长。

（二）假稳定状态

在执行高强度、长时间的训练时，当工作状态结束后，尽管吸氧量已达到并稳定在最大吸氧量水平，但仍然无法满足训练对氧气的需求，这种情况称为假稳定状态。由于吸氧量无法满足需氧量，导致机体无氧供能比例上升，乳酸的生成速率超过了其清除速率，进而引起血液中乳酸浓度升高、pH 值下降，从而限制了训练的持

续时间。研究显示，在假稳定状态期间，与训练相关的其他生理功能几乎达到了极限，例如，心率可达到每分钟200次，心输出量可达到30L，呼吸频率在每分钟60～80次，肺通气量在120～150L，收缩压在26～32kPa等。同时，肌肉的电活动增强，这表明为了补偿肌肉疲劳，新的训练单元被动员参与。

三、航空体育训练的疲劳与恢复

正常情况下，航空体育训练疲劳的产生与人体的能源物质消耗过多、恢复不足，以及缺氧、血液酸度增加等因素有关。疲劳最先发生的部位是大脑皮层，而肌肉的疲劳发生较晚。肌肉疲劳时，收缩能力就降低，放松不完善。测定疲劳与恢复，不能用单一的指标，比较可靠的方法是对整体进行综合研究和观察。人体运动到一定时间后，就会出现工作能力暂时降低的疲劳状态。经过适当的休息，人体的各种机能和工作能力又会恢复到或在一定时间内稍高于训练前的水平，这一段机能变化称为恢复过程。训练时只有达到一定的疲劳程度，才能获得相应的训练效果，因此可以说"没有疲劳就没有训练"。

由于航空体育训练的疲劳和军事任务遂行中的疲劳问题有重要的现实意义，在本书的第四章将作专题讨论。在此，这里主要就训练恢复的一般规律进行阐述。

训练疲劳的恢复是指飞行人员在航空体育训练结束后，各种生理功能和能源物质逐渐恢复到训练前状态的一段功能变化过程。

（一）恢复过程的一般规律

在航空体育训练过程中，人体的能量消耗和恢复过程可简要地分为三个阶段，如图1.1所示。

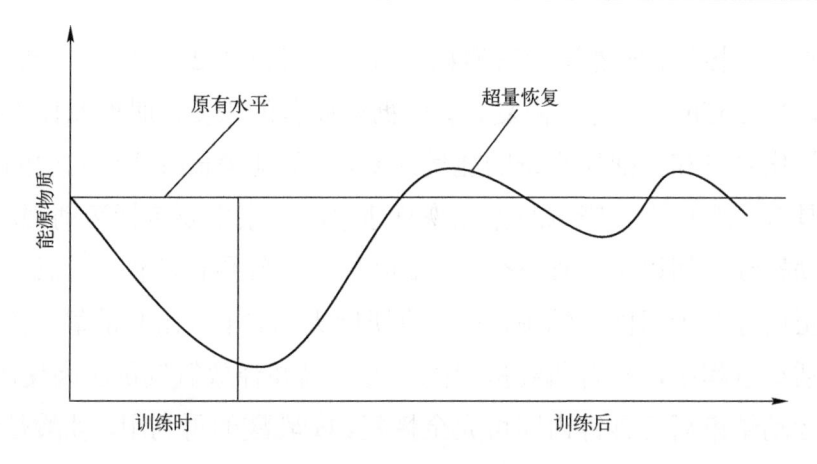

图1.1 航空体育训练能量消耗与恢复过程

第一阶段：训练时能源物质主要是消耗，体内能源物质逐渐减少，各器官系统功能逐渐下降。

第二阶段：训练停止后消耗过程减少，恢复过程占优势，能源物质和各器官系统的功能逐渐恢复到原有水平。

第三阶段：训练中消耗的能源物质在运动后一段时间内不仅恢复到原有水平甚至超过原有水平，即"超量恢复"或"超量代偿"，保持一段时间后又回到原有水平。超量恢复是客观存在的规律。

超量恢复的程度和时间取决于消耗的程度，在一定范围内肌肉活动量越大，消耗过程越剧烈，超量恢复也越明显。如果活动量过大，超过了生理范围，恢复过程就会延缓。航空体育训练的实践证明，训练者在超量恢复阶段参加训练或比赛，可以提高训练或比赛效果。

（二）超量恢复的生理机制

超量恢复的生理机制涉及人体对能量调节的储备恢复过程。机体能源储备的恢复主要分为四个层面。①磷酸原的恢复。磷酸原的恢复速率极快，剧烈运动后消耗的磷酸原可以在 20～30s 内合成一半，2～3min 内可完全恢复。②肌糖原储备的恢复。肌糖原作为有氧氧化系统和乳酸能系统的能量来源，对于延缓长时间运动中的疲劳具有重要作用。影响肌糖原恢复速率的因素主要包括运动强度、运动持续时间以及饮食三个方面。③氧合肌红蛋白的恢复。氧合肌红蛋白存在于肌肉组织中，每千克肌肉大约含有 11mL 的氧。在肌肉活动过程中，氧合肌红蛋白能迅速解离并释放氧气供肌肉使用，而运动结束后几秒钟内即可完全恢复。④乳酸的再利用。乳酸是糖酵解过程的产物，其中蕴含着大量可供利用的能量。传统研究认为，乳酸主要用于合成肝糖原以便再利用。然而，近年来的研究显示，乳酸在工作肌中被进一步氧化分解，作为能源的利用占据了主要部分。这些因素共同构成了超量恢复的能量来源。

第五节　航空体育训练的心理适应规律

　　航空体育在提升飞行人员心理素质方面具有显著的训练学价值。航空体育训练项目包括军事障碍、武装越野、武装泅渡、刺杀、格斗、攀登、海上救生、潜水等，均融入了诸多心理适应元素。通过参与航空体育训练，飞行人员能够培养出良好的心理适应能力，进而有效增强其战斗心理素质。因此，航空体育对于提升飞行人员在战场上的心理适应能力也展现出明确的训练效果。同时，航空体育训练过程中所体现的心理适应性也遵循着特定的内在规律。

一、航空体育训练的认知心理适应

　　航空体育训练中的心理适应能力首先体现在认知适应方面。在训练过程中，众多航空体育训练科目要求参与者具备优秀的动作感知、训练节奏感知、训练环境评估、身体动作信息处理,以及视觉、听觉、触觉与运动反应的本体神经反应等认知能力。这些认知能力在不同训练科目中得以展现。具体来说,航空体育训练所要求的特定认知适应能力主要表现在以下几个方面。

(一)空间知觉准确的适应

在航空体育训练过程中,飞行人员要通过观测空间的大小、方位和距离来调整自己的技术动作。例如,在障碍训练中,训练者要判断和估计障碍目标的位置、距离和高度;射击训练中,训练者要预测目标的距离、判断位置和目标移动方向;攀登课目训练过程要凭视觉、平衡并辨别身体各部分的空间位置和移动方向等。所以,航空体育课目需要训练者形成良好的空间知觉准确性、精确性和明晰性的适应。

(二)时间知觉变化的适应

在航空体育训练过程中,训练者只有具备相应发展的时间知觉,才能在训练过程中准确判断动作技术操作的速度、周期性动作的时距和到达终点的时间,从而调整动作的强度和速度。如武装越野、游泳泅渡、速度攀登、球类等诸多项目的速度、时间等,则较明显地体现了这种训练适应的心理特点。

(三)注意力迅速转移的适应

通常情况下,人的注意力相对集中且稳定。然而,在航空体育训练过程中,鉴于运动变化和反应速度的特殊要求,注意力不仅需要保持集中和稳定,还必须能够迅速转移。这对飞行人员的注意力调节能力和反应速度提出了超越常人的要求。例如,在球类训练中,既要观察球的运动轨迹,又要关注队友的战术位置变化,注意力需不断在不同对象间迅速切换。这不仅要求注意力的集中与分配，还要求具备广阔的注意力范围和快速转移的能力。

（四）行动和思维相一致的适应

航空体育训练中必然伴随着飞行人员的各种思维和判断活动，并直接与动作技术相结合。由于训练过程是动态的，常常迅速变化，训练者必须根据当时的动态情景、自我的运动能力和运动方式作出正确预见或判断，并且要求迅速采取相应的行动和动作。可见，航空体育训练过程是一个不断通过行动和动作落实思维成果的过程，也是一个通过积极思维不断校正行动和动作的过程。例如，定向越野训练，要求飞行人员要通过目标的观察和地图的分析，并根据其特点做出判断，决定目标的方位、距离和采取的行动方案，并马上争分夺秒地予以实现。可见，航空体育训练中的思维具有明显的具体性和行动的一致性。

二、航空体育训练的情绪心理适应

在人类所有活动过程中，情感体验始终相伴相随，从而显现出多种多样的外在情绪。特别是在航空体育训练中，由于受到诸多外部条件的影响以及飞行人员自身因素的限制，如训练的组织形式、条件的变动、负荷量的大小、结果的波动以及身体生理机能的变化等因素，均会导致训练者经历复杂的情绪波动。在这一过程中，训练者需学会调节自身情绪，以满足环境的要求。因此，情绪的波动对训练成效具有显著的影响。

鉴于航空体育训练的独特性质及其相关因素的特殊刺激作用，飞行人员的情绪体验往往更为强烈和鲜明。例如，心理上对复杂、困难乃至具有一定危险性的训练科目准备得当，可能会使飞行人员精神振奋，产生积极向上的情感；在训练中，动作技术的节奏感和流畅性可能引发训练者的激情；组训者的表扬能够唤起训练者的自豪感；而训练过度的疲劳、挫折感以及战场环境的紧张气氛，也可能导致训练者产生厌倦和沮丧的情绪。这些强烈且鲜明的情绪波动，在航空体育训练中得以充分展现，并对训练成效产生相应的影响。

情绪对训练的影响有积极与消极之别，健康而积极的情感体验能够为训练动作技术提供动力，促使大脑皮层神经兴奋，增强肌力，从而有助于取得卓越成绩；相反，消极的情感体验则可能增加训练者的心理压力，导致战术技术、技能水平下降，动作变形，从而在很大程度上影响训练效果，尤其在难度较大、动作技术复杂的训练过程中表现得尤为明显。

三、航空体育训练的动机发展心理适应

心理学研究揭示，心理动机是驱动人类行为的根本力量，其特性表现为越激发越强烈，越使用越活跃；在心理动机能量释放过程中产生的心理能力也遵循相同规律，即越使用越充沛，越激发越活跃。因此，在航空体育训练中，训练者的心理动机作为一种心理能力，其能量同样极为庞大。

航空体育训练的丰富内容不断向参与者提出挑战，激发了参与者克服困难的心理动机，促使参与者持续释放动机能量，产生持续的心理动力，这是训练过程中应遵循的心理学原则。在完整的训练体系中，参与者的心理动机能力会在不断取得成功的过程中逐渐得到强化，逐渐形成对困难和克服困难的心理适应。因此，航空体育训练动机水平的发展并非一蹴而就，而是一个逐步形成和加强的过程。如同矿产资源一般，通过开采→使用→再开采→再使用，以循

序渐进、不断往复的方式进行利用。心理动力资源的潜力是无限的，并且能够通过使用得到再生。相反，如果心理能力不在特定条件下通过训练得到释放和使用，就如同一台功能强大的机械，闲置不用则会生锈。实际上，航空体育训练对飞行人员动机的激活起到了积极作用，只有形成以输出促进输入的良性训练机制，训练者的心理能力才会越激发越强大。因此，要使飞行人员的心理动能持续增强，必须通过航空体育的不同训练方式激活训练者的心理动力，并不断使用，使其成为一种持续再生的超级能量资源，产生良好的心理动力适应。

因此，航空体育训练的宗旨在于挖掘训练者内心潜藏的动能，形成强大的心理能力以适应紧张、艰巨的军事训练生活。可以说，航空体育训练心理适应强调通过培养和激发，逐步强化训练者的心理动力，对于航空体育训练心理能力的开发和训练具有重要的指导意义。

综上所述，航空体育训练的不同科目和内容对训练者产生的心理适应，能够使飞行人员形成良好的军事心理素质和心理品质。同时，训练者在航空体育训练中形成的适应力又能够促进训练者发展训练科目所需的心理品质，二者相辅相成，相互提升，而这一互动形成过程均在系统化的航空体育训练体系中得以实现。

第六节　航空体育训练的负荷适应规律

在航空体育训练过程中，飞行人员的身体需经历一定的适应阶段以应对训练负荷。适当的训练负荷强度对于提升训练效果至关重要。因此，合理规划负荷结构，确保后续负荷安排在前一次负荷的超量恢复期，形成负荷→适应→增加负荷→再次适应的训练模式，有助于飞行人员在训练中逐步达到相对稳定的生理适应状态,从而有效提升其身心功能水平。适宜的训练量对训练者身心均会产生积极影响;反之,若训练量超出身体适应范围,训练者易出现过度疲劳,从而容易导致发生各类外伤。长期累积的疲劳可能导致内伤,损害训练者的健康。

另外,若训练量过小,训练者可能感到缺乏挑战、情绪低落、无法满足,身体也不会产生预期的变化,从而影响训练效果。实践证明,若航空体育训练量安排得当、科学且有节奏,训练者的体能增长将迅速且稳定。因此,组训者必须对训练量给予充分关注,并持续进行研究。

一、航空体育训练的生理负荷适应

航空体育的训练负荷是以身体练习为基本手段,对飞行人员机体施加的训练刺激。人体对训练负荷的刺激所做出的反应表现在生理和心理两个方面,因而存在生理负荷和心理负荷两个方面的变化适应规律。生理负荷是指人在训练活动中生理方面所承受的刺激;心理负荷是指人在训练活动中心理方面所承受的刺激。这些负荷因素的不同组合便形成了具有不同训练效果的训练负荷。

航空体育的训练负荷由负荷量和负荷强度两个因素构成。负荷量和负荷强度又各自通过不同的方面表现出来。

负荷量和负荷强度对飞行人员有机体刺激所引起的反应是不同的。有机体对负荷量的反应一般来说不强烈,比较缓和,所产生的适应程度也较低,但相对机体所产生的适应比较稳定,消退也较慢。而由负荷强度刺激所引起的有机体的反应比较强烈,能较快地提高机体各器官系统的应答水平,所产生的适应性影响也比较深刻。但相对来说,机体所产生的适应不太稳固,消退也较快。

组成负荷量的因素中：时间是指练习所占用的总时间；次（组）数是指练习动作的数量或组数；总距离是指周期性线性运动的距离累积数；总重量是指负重训练的重量累积数。

组成负荷强度的因素中：密度是指练习与练习之间时间间隔的长短，或在一次训练课中练习时间占课程总时间的比例；速度、负重量、高度、远度是指不同项目训练中练习的用力程度；难度是指练习动作的难易程度；质量是指完成练习动作的质量高低。质量对负荷强度产生的影响有两方面，有一些动作完成的质量高，其负荷强度大，另一些动作完成的质量高，却避免了多余的动作，节省能量消耗，负荷强度反而小。

负荷量和负荷强度是训练负荷中相互联系、不可分割的两个方面。有一定的量就有一定的强度，反之，有一定强度的练习就有一定的量。有机体能承担较大的强度，就能承担较小的强度、较大的量；同样，有机体能承担较大的量，就能承担较小的量、较大的强度。量的增加能为强度的提高打下基础，强度的提高又可为量的增加创造有利条件。两者相辅相成、互相促进、不断提高，从而形成训练负荷逐步增加的趋势。

负荷强度在单位时间里直接反映了练习时有机体的用力程度，对有机体的适应影响起着比负荷量更为重要的作用。没有一定强度的刺激就不能引起有机体的适应过程。但负荷量和负荷强度有一定的组合关系。在最大强度时负荷量要小；次最大强度时负荷量可为中等；中等强度时可用次大负荷量；小强度时可承受的负荷量最大。

负荷因素可以不同数值进行搭配和组合，形成不同形式的负荷结构，产生不同的训练效果。负荷结构中每一负荷因素的变化，都可以使整个负荷的性质发生相应的变化。由于负荷强度、负荷量等因素的可变性，可搭配组合成多种负荷结构形式。这些负荷结构形式具有不同的性质，可产生不同的训练适应过程。因此在训练过程中,负荷结构中各种因素的组合方式应根据训练的目的任务来确定。

二、航空体育训练的心理负荷适应

在航空体育训练中,组训者往往较为重视生理负荷,而在一定程度上对训练中飞行人员表现出来的心理负荷的考虑较少。在确定航空体育训练课程的结构、安排课程的进程时,比较注意依据训练者的生理机能变化规律来调整训练强度,但对训练者的心理活动变化规律考虑不够。

（一）心理负荷的概念及相关理论

随着训练科学的发展,训练过程的心理学规律逐渐受到关注,人们已充分认识到,航空体育训练过程除了重视训练的生理负荷,还应重视训练者的训练心理负荷。训练心理负荷是指在航空体育训练过程中,对飞行人员有机体施加的外部刺激所引起的心理反应负担量,一般包括心理过程（认知、情绪、意志）和人格两个方面的负荷量。

训练学理论认为,训练者为了学习和掌握组训者所教的新内容,必须认真倾听讲解和指导,观察示范,在头脑中建立初步的表象,还要开动脑筋,理解动作要领和技术原理,并力图记住所学的东西。另外,训练者在独立完成各种身体练习的过程中,特别是完成具有一定难度和危险性的练习时,必须经过一定的、甚至是很大的意志努力,克服外部和内部的困难,力争准确地完成各种身体练习。同时,为了很好地学习和掌握组训者所教的内容,准确地完成练习,还必须保持高昂、热烈的学习情绪。因此,为了取得好的学习和训练成绩,训练者必须调整教学或训练过程中的认知、意志、情绪等心理活动，这一过程会消耗较大的心理能量，承担一定的心理负荷，而人在训练中所承受的心理负荷又是相对有限的。

从生理心理学的认识来看，心理负荷其实就是在航空体育的教学训练过程中，神经系统保持紧张与兴奋的程度和时间的长短、心理能量消耗的多少等应激反应的总和。在训练过程中，训练者不仅要承担一定的身体负荷，还要承受一定的心理负荷。虽然心理负荷和生理负荷呈一定的相关关系，但两者却不完全相同。生理负荷主要取决于身体练习的"量"和"强度"；心理负荷主要取决于所要学习和掌握新的身体练习的数量、难度、组训者的讲解、示范的水平和方式、训练者自身情绪的高低等因素。

（二）航空体育训练过程的心理负荷要素及意义

从训练学理论来说，心理负荷是训练者在训练过程中所承受的心理刺激及心理消耗，训练者在航空体育训练过程中受生理负荷、教材难度、竞赛与对抗、师生关系、训练者之间关系等的刺激，而引起训练者的情绪、意志、注意、动机水平等发生变化。对训练者神经系统产生一定的应激反应，从而造成一定的心理能量的消耗。因此，航空体育训练的心理负荷是指训练者在训练过程中神经系统受到一定刺激，从而引起心理活动所承受的（心理过程和个性心理）负担程度。其要素主要包括：①心理过程，即认知过程（感知、表象、思维、想象、记忆等）；②情感过程（兴奋、高兴、忧郁、快乐、愤怒等）；③意志过程（动机、意向、决心、坚毅等）；④个性倾向性（需求、兴趣、信念等）；⑤个性心理特点（能力、气质、性格等）。而且这些心理要素之间是密切相关、相互影响的。

心理负荷与生理负荷一样直接影响航空体育训练的效果，应对其负荷量加以调控，才能取得良好的训练效果。也就是说，在航空体育训练中，只有训练的生理负荷和心理负荷都保持适宜水平，才能取得较好的训练效果。心理负荷过小或过大都难以取得预期的训练效果,过小则达不到训练的目的,过大又超出了训练者身心所能承受的限度,对训练者的身体健康和教学任务的完成都十分不利。因此,合理地安排和调节航空体育训练课的生理和心理负荷是对组训者的一项基本要求,二者是否适宜也是评价航空体育训练效果的一项重要指标。

(三)生理负荷与心理负荷的关系

心理负荷和生理负荷是一对从属于训练负荷量的相关因素。在航空体育训练过程中,心理负荷和生理负荷既相互联系,又相互制约,共同影响着训练者身体的发展。一般来说,教材的难易程度、训练者练习兴趣的高低、课程练习密度的大小,都对训练者心理和生理造成一定的训练负荷度。而生理负荷量的大小常常渗透着心理因素的影响。例如,当组训者安排的训练负荷强度超出了训练者的身体能力时,训练者就会自然产生退缩的消极心理;相反,如果训练者心情愉快、轻松自如地去参加训练,对组训者安排的高强度练习就会不知疲倦地自觉苦练,或者在训练中产生的疲劳感会延迟出现。总之,这种在训练条件下训练者心理上产生的内部负荷状态,对航空体育训练的强度负荷有着重要影响。

第七节 航空体育专项运动技能的形成规律

航空体育涵盖的众多训练项目,如攀岩、障碍赛、游泳、个人格斗、水上救援以及各种球类运动等,均需特定的专项运动技能。这些专项技能并非与生俱来,而是通过大量训练逐渐习得。因此,掌握和形成航空体育的专项运动技能,本质上是一个专门的训练学习过程。可以说，掌握动作技能是航空体育训练中不可或缺的能力，也是航空体育课程必须实现的基本目标。

一、航空体育专项运动技能的概念

（一）航空体育专项运动技能的基本概念

航空体育的专项运动技能，指的是飞行人员在航空体育训练过程中所掌握的，以及能够有效执行特定动作的能力。这种能力涵盖了在大脑皮层主导下，不同肌群之间协调运作这一方面。换言之，航空体育的专项运动技能涉及在恰当的时间和空间内，大脑对肌肉收缩进行精确控制的能力，这要求以精确的力量和速度，按照既定的顺序和时机来完成所需动作。航空体育专项运动技能的提升和发展，依赖于训练者对自身生理机能客观规律的深入理解和主动应用。

（二）航空体育专项运动技能的分类

航空体育专项运动技能可分为闭合式和开式两类。

（1）闭合式专项运动技能的特点。①完成动作时，基本上不因外界环境的变化而改变自己的动作；②在运动结构上多属周期性重复动作；③完成动作时，反馈信息主要来自本体感受器。多数单人项目属于闭合式运动技能，如障碍、游泳和体操等项目。

（2）开式专项运动技能的特点。①完成动作时，往往随外界环境的改变而改变自己的动作；②在运动结构上表现出多样性或非周期性特征；③完成动作时，由多种分析器参与工作，并综合总的反馈信息，其中往往以视觉分析器为主导。对抗性项目大多属于开式运动技能，如格斗、搏击、球类等项目。一般来说，开式运动技能的动作比闭合式运动技能复杂。

二、航空体育专项运动技能的形成过程

航空体育专项运动技能的形成既是一个复杂的神经过程，又是复杂的学习过程。一般地，训练者对航空体育专项运动技能的掌握要经历由不会到会、由不熟练到熟练的连续变化过程。为此，通常将这个掌握的过程划分为泛化、分化、巩固三个相互联系的阶段，技能的发展阶段称为动作自动化阶段。

（一）专项运动技能获得阶段——泛化过程

在学习任何一个动作的初期，通过组训者的讲解和示范以及训练者的训练实践，只能获得一种感性认识，对航空体育专项运动技能的内在规律并不完全理解。来自体内、外的刺激，通过相应的感受器传到大脑皮层，使大脑皮层细胞兴奋。因为皮层内抑制过程尚未确立，所以大脑皮层中的兴奋与抑制都呈扩散状态，使条件反射暂时联系不稳定，出现泛化现象。这个阶段的动作表现往往是僵硬和不协调，不该收缩的肌肉收缩，出现多余的动作。这些现象是大脑皮层细胞兴奋扩散的结果。在此阶段，组训者应该抓住动作的主要环节和训练者在掌握动作中存在的主要问题进行教学，不应过多地强调动作细节，应以正确的示范和简练的讲解帮助训练者掌握动作。

（二）专项运动技能改进阶段——分化过程

通过持续的训练，练习者开始对航空体育专项运动技能的内在规律有了基础性的认识，不协调和多余的动作逐渐减少，错误动作也得到了一定程度的修正。此时，大脑皮层运动中枢的兴奋与抑制

过程逐渐趋于集中。由于抑制过程的加强，尤其是分化抑制的发展，大脑皮层的活动从泛化阶段过渡到分化阶段。因此，在练习过程中，大部分错误动作得到了纠正，能够较为顺畅和连贯地完成整个技术动作。此时，动力定型已初步建立，但尚未稳固，面对新的刺激（如有人观看或参与比赛时），多余动作和错误动作可能会再次出现。在这一过程中，组织训练者应特别注重纠正错误动作，引导练习者深入理解动作细节，以促进分化抑制的进一步发展，从而使动作更加精确。

（三）专项运动技能稳定阶段——巩固过程

通过反复练习，训练条件反射已经巩固，建立了巩固的动力定型。大脑皮层的兴奋和抑制在时间上和空间上更加集中。此时不仅动作准确和优美，而且某些环节的动作还可以出现自动化，即不必有意识地去控制而能做出动作来。在环境条件变化时，动作也不容易受破坏。同时由于内脏的活动与动作配合得很好，完成练习时也感到轻松自如。

动力定型发展到了巩固阶段，也并不是可以一劳永逸的。一方面，可以通过继续练习精益求精，不断提高动作质量，使动力定型更加完善和巩固；另一方面，如果不再进行练习，巩固的动力定型还会消退，动作技术越复杂、难度越大，消退得越快。在此过程中，组训者应对训练者提出进一步要求，并指导训练者进行技术理论学习，这样更有利于动力定型的巩固和动作质量的提高，以便促使动作达到自动化程度。

（四）专项运动技能熟练阶段——动作自动化过程

随着运动技能的巩固和发展，暂时达到了非常巩固的程度以后，动作即可出现自动化现象。所谓自动化，就是练习某一套技术动作时，可以在无意识的条件下完成。其特征是对整个动作或者是对动作的某些环节十分熟练，暂时变为无意识。例如，走路是人类自动化的动作，在走路时可以谈话、看报，而不必有意识地思考应如何迈步、如何维持身体平衡等。

自动化动作也并不是一直无意识进行的，当受到外界异常刺激时，大脑皮层的兴奋就会提高，对自动化动作又会产生意识，例如，在悬崖上行走时，步行就成为有意识的动作。此外，训练者想要体会动作的某环节或肢节的某部分动作时，对这些动作则产生意识。

要想提高训练效果，必须尽可能使动作达到自动化程度，但不应认为动作达到自动化后，质量就能得到保证。虽然动力定型已经非常巩固，但由于完成自动化动作时，第一信号系统（指现实中具体的信号，如声、光、味、触等）的活动经常不能传递到第二信号系统（指现实中的抽象信号，是表达信号的信号，如表示某物体的词语信号）中去，因此如果动作发生少许变动，也可能一时未察觉，一旦察觉，可能变质的动作已因多次重复而巩固下来。因此，动作达到自动化以后，仍应不断检查动作质量，以达到精益求精。

三、影响航空体育专项运动技能形成的因素

航空体育专项运动技能形成和发展的快慢受很多因素影响。从内因方面考虑，如训练者的身体素质、心理素质、技术水平等；从外因方面考虑，如组训者的教学和训练方法、动作的难易程度、场地、器材以及气温等。以上因素都会影响训练者熟练掌握航空体育专项运动技能的形成与发展。在训练中应尽可能地利用有利的因素，排除和克服不利因素。

（一）调整大脑皮层的状态

大脑皮层的兴奋度过高，兴奋容易扩散；兴奋度过低，条件反射的联系不易接通。因此，在训练时使大脑皮层处于适宜的兴奋状态，有利于提高训练效果。

（二）充分利用各种感觉信息

在专项运动技能学习中，充分利用多种感觉信息，建立正确的运动感觉，促进运动技能的形成。其中，本体感觉对运动技能的形成尤为重要。在实践中，除了用直接方法（如助力和阻力、帮助等）强化本体感觉外，还应重视视觉、听觉、味觉等与本体感觉的联系。

（三）合理利用反馈信息

（1）学会利用反馈信息教学。在专项运动技能训练时，组训者要掌握、应用反馈的原理，选择行之有效的教法。例如，让训练者反复练习，加强对动作的体会和理解，并用语言反馈给训练者，启发训练者积极思维。

（2）不同阶段使用不同反馈信息。在动作训练的初期，由于神经活动处于泛化阶段，因而控制动作的能力差。此阶段应充分利用视觉的反馈作用，加强示范与模仿，不断强化视觉与本体感觉之间的联系。在巩固阶段，动作已能熟练完成。此时肌肉运动的表象更清楚，感觉和意识对动作的控制相对减弱，运动感觉对动作的控制和语言反馈作用加强。因此，这一阶段应多利用语言和肌肉运动感觉的反馈信息，强化动作与思维的沟通。

（3）合理应用正负反馈信息。在训练中，根据训练者掌握动作的情况，采用不同性质的反馈信息，可加快运动技能的形成。如在纠正错误动作时，训练初期不宜强调动作的细节和给予批评性反馈信息，应多鼓励，多用肯定语言，加速动力定型的建立。

（4）利用想象和回忆动作练习的反馈信息。在想象和回忆动作练习中，虽然没有实际的身体运动，但可借助运动表象和概念，使运动技能的暂时联系再一次接通，有助于运动技能的形成和巩固。

（四）消除防御反射

在训练之初，组训者要注意胆怯的训练者，对难度较大的动作，特别是在器械上完成难度较大的动作时，经常由于害怕心理而产生防御性反射。在初期训练时，应适当降低动作难度或高度，消除训练者的害怕心理。通过逐步过渡，在训练者对动作有了初步体验后，应及时按动作要求进行练习，以防形成错误动作。有些高难动作无法完成时，要加强保护措施，如使用保护带、海绵、沙坑或弹网等来消除训练者的害怕心理，增强完成动作的信心。

（五）专项运动技能之间的影响

航空体育的不同训练项目中有很多基本环节相同或附属细节相同的动作，在训练中彼此会产生影响。其影响有良好的方面（正迁移），也有不良的方面（负迁移）。因此，在训练时要善于利用良好的影响，尽力消除不良影响，以加速运动技能的形成。

（1）良好影响（正迁移）。不同的专项运动技能之间的良好影响，表现为原有的运动技能可以促进新的运动技能的形成。当同时学习几种运动技能时可以彼此促进，新运动技能的形成有助于原有运动技能的巩固和完善。航空体育专项运动技能之间产生良好影响的例子很多。例如，掌握了攀登动作技术，对于通过400m障碍的攀杠技术，学习起来就比较容易，掌握新动作也比较快；掌握军体拳第一套动作技术后，对格斗术的动作学习就有良好的作用，在其他动作技术项目中，也有类似的现象。之所以能起到良好的作用，是由于动作之间的基本环节相同,只是细节部分不同。学习与原有动作结构相似的新动作时,大脑皮层内已形成的运动条件反射中的基本环节,即可作为新的运动动力定型的基础。只需补充一些附属环节的运动条件反射,即可形成新的运动动力定型。

(2)不良影响(负迁移)。运动技能之间的不良影响是指原有的运动技能妨碍新的运动技能的形成,当同时学习几种运动技能时相互妨碍,新形成的运动技能破坏原有的运动技能。运动技能之间产生不良影响的例子也很多。例如,在基础体能课目的单杠卷身上训练中,掌握了单杠卷身上动作后,对挂膝上的动作掌握会产生障碍。几种运动技能主要环节不同,而附属环节相同,彼此之间往往产生不良影响。开始环节相同的两种运动技能往往容易混淆,这是由于两套动力定型如果开始部分相同,则总是实现比较容易的或已经巩固的那套动力定型。

运动技能之间的相互影响是比较复杂的,一般来说,为了促进运动技能迅速建立,可以把基本部分相同的动作编成一组进行教学。诱导练习也应考虑此原理,诱导练习动作的基本部分应接近或与正式动作相一致,这样才能起到良好的作用。运动技能的相互影响规律,对安排动作教学顺序是有意义的。例如,武装泅渡训练时,先学蛙泳,再学习后面的动作就比较快,因为二者的姿势都比较接近,同时具备其他几种姿势的某些基本环节。

第八节 航空体育训练的"非常规"规律

从航空体育训练的身心适应原理和人体运动机能变化规律看,航空体育训练只有遵循其规律,才能取得良性的训练效果。但是,也必须看到,由于飞行人员群体的特殊性,未来战争的突发性、严酷性和不规则性，航空体育训练也不能完完全全按部就班、中规中矩。在航空体育训练上，必须重视非常规规律的探索。

非常规训练是指在航空体育训练中一些与常规不同的训练，通常表现为超越人体极限的训练或不合常规的训练安排，其目的在于适应未来战争的需要。例如，改变常人昼作夜息习惯的夜间训练，超长时间或超长距离的连续运动，恶劣环境下的习服训练等。非常规训练对飞行人员的身体机能与心理能力都将产生不同常人的应激和变化。航空体育训练的"非常规"规律是飞行人员适应军事斗争需要进行身体训练所表现出来的身心变化规律。尽管航空体育训练的"非常规"规律有其不同常规的特点，也有其不同训练方式、不同训练内容的异常表达，但应当指出：航空体育的"非常规"规律是建立在常规规律的基础上；超越人体极限的训练或不合常理的训练安排，必须建立在身体机能水平提高的基础上；挑战人体极限的训练，需要有良好的身心素质作保障。

航空体育的非常规训练具有主动适应的特性，需要有循序渐进的把握。在非常规的背后有其科学的规律，这是航空体育训练科学化方面需要高度重视、积极探索的研究方向。

第二章 航空体育组训（课程）体系建设发展现状

第一节 我国航空体育组训（课程）体系建设发展现状

一、民航院校领域航空体育历史发展

本小节系统梳理了我国近20年民航飞行体育训练的现状与发展历程、主要问题以及未来的发展路径，为推动我国舰载战斗机飞行学员航空体育科学化训练水平的提升提供参考。

民航飞行员的职业活动涉及在高空、高压、低氧等极端环境下工作，这要求他们必须具备卓越的身体素质以适应这些条件。在紧急情况下，飞行员需要迅速而准确地作出判断和决策，这依赖于他们良好的身体协调性和反应能力。长时间的飞行任务以及应对时差的调整，同样是对飞行员的身体素质的考验。对于民航飞行学员而言，身体素质和飞行体能是其未来职业发展的重要基础。

正如《国务院关于促进民航业发展的若干意见》所强调，推进重大人才工程并加强飞行等紧缺专业人才的培养，是提升民航业整体发展水平和国际竞争力的核心。飞行员的运动能力与飞行能力之间存在正向关联，这一点进一步凸显了身体素质在飞行职业中的关键作用。民航局发布的《关于全面深化运输航空公司飞行训练改革

的指导意见》为我们提供了明确的指导，即到 2030 年，要构建起具有中国特色的新时代飞行训练体系,这一体系将涵盖飞行训练的研究、实施、创新以及可持续发展能力。这不仅意味着对飞行训练硬件设施的投入，而且体现了对飞行员身体素质和飞行体能培养的高度重视。

在全国民航航空安全工作会议上,飞行人才被明确为航空运输业发展的重要人力资源。飞行员不仅是飞机的操作者，更是飞行安全的关键保障者。因此，民航飞行体育训练作为培养高素质民航飞行人才的关键途径，其重要性不言而喻。民航飞行体育训练并非单纯的体能锻炼，而是民航与体育两大领域相结合的综合性训练。其目标是通过科学的方法和手段，增强飞行学员在高空、高压、低氧等极端环境下的适应能力，确保他们能够在各种复杂条件下顺利完成飞行任务。

（一）理论与实践引进阶段：20 世纪 50 年代至 80 年代

20 世纪 50 年代，中国民用航空局航空学校（现为中国民用航空飞行学院）招收首批民航飞行员大学生。特殊的历史背景下，多数民航飞行学员为空军退役或现役飞行员，所以，在安排民航飞行体育训练或体能训练时，与空军飞行员训练思路和训练方法如出一辙。基于围绕培养空军飞行员而制定和实施，其内容主要参照苏联军事训练的手段和方法执行，教学手段和方法均以军事命令的形式进行。此阶段的理论认识水平较低，国内均未公开出版和发表关于航空体育教育和民航飞行体育的研究报道，基本以引进苏联空军飞行员的训练方法和训练手段为主。

（二）学习消化与吸收应用阶段：20 世纪末期至 2005 年前后

在 20 世纪 80 年代到 90 年代期间，中国民用航空局采取了一系列措施，推行并颁布了针对飞行人员的训练方法和具体标准。这些标准和方法主要是基于空军飞行员的训练和培养模式而制定的。在这一时期，那些开设了飞行技术专业的高等教育机构，对民航飞行学员的管理采取了准军事化的管理模式。在教学内容方面，这些高校保留了包括固定滚轮、活动滚轮、旋梯和转椅等在内的飞行专项训练器械。可以说，最初关于航空体育教育的理论研究和实践训练是在中国民用航空飞行学院开始的。国内其他高校从事飞行体育教学工作的第一批教师，都是组织到中国民用航空飞行学院进行学习和培训的。随着国内飞行体育事业的不断发展和进步，中国民用航空飞行学院不仅最先开始撰写关于飞行体育方向的研究报道和研究著作，中国民航大学还提出了民航飞行体育训练的概念。

（三）全面发展与融合创新阶段：2005年至今

进入21世纪，随着交通运输业的蓬勃发展，民航飞行员的需求呈指数性增长，越来越多的高等院校开设飞行技术专业。2005年，中国民用航空飞行学院体育部尤旭、姚建民开启了对航空体育教育教学模式的探索，融合创新发展阶段是在2009年，南京航空航天大学周保辉、陈华卫等逐步深入研究我国民航院校体育课程设置以及民航飞行体育课程体系。

在中国知网检索发现，截至2021年8月5日，以"民航飞行体育""航空体育""飞行员体能训练""飞行员身体素质"为主题词并同时设置来源期刊为核心期刊、CSSCI、CSCD，去除航空体育产业发展研究和宇宙飞行探究等无关文献，共计25篇。综合分析发现，发文机构主要是中国民用航空飞行学院、中国民航大学体育工作部、南京航空航天大学体育部和滨州学院体育学院，高产作者主要是以周保辉为核心的团队和以李金华为核心的团队。当前研究主要关注方向是飞行体育课程设置探究、教学模式探索和体系构建、飞行员心理能力研究、飞行员业余体育锻炼行为与飞行学员体质健康分析、飞行体能训练与运动损伤等。

综上所述，经过20世纪中叶至20世纪末期较缓慢的发展与21世纪初至今较为快速的发展，我国民航飞行体育正在发生深刻的变革。民航飞行员对于增肌、塑形、减重、提高身体素质的训练越来越重视，训练热情越来越高，我国民航飞行体育事业呈现出上升发展的趋势。从20世纪中叶开始，不断借鉴、引进、消化、吸收国外发达国家的理论成果和训练实践经验，总体发展历程分为理论与实践引进阶段、学习消化与吸收应用阶段、全面发展与融合创新阶段。协助提高民航飞行学员运动能力的各类基础体能训练和职业身体素养的训练方法、手段与计划已深入民航飞行员的培养方案中。

二、空军航空体育组训（课程）体系建设发展现状

（一）空军航空大学航空体育组训（课程）体系建设发展现状

在现今的军事人才培养领域，空军航空大学已经构建了一套完善的航空体育训练体系。目前，空军航空大学的航空体育课程紧密围绕"空勤"这一核心要素，严格遵循《军队院校教学大纲》（简称为《大纲》）进行教学和实践操作。航空体育课程的内容可以概括为"三阶段、一特色"，具体而言，涵盖了新学员入伍训练阶段、阶段达标考核及转校（毕业）考核阶段。此外，特别突出了"空勤"特色项目的训练，确保学员在完成学业的同时，能够掌握与空勤工作相关的体育技能和体能。

1. 新学员入伍训练阶段

在新学员入伍训练阶段，各军兵种都会进行一系列的训练考

核，这些考核内容和标准是每个士兵都必须经历和掌握的必训必考科目。这些科目包括必考项目（如单杠引体向上、双杠臂屈伸、3000m跑、仰卧起坐等）及选考项目（如基础体能组合1和基础体能组合2）共六个不同的考核内容。根据近年来飞行学员入学时的体能测试成绩分析发现，新学员的体能基础普遍较为薄弱，而且这一情况似乎有逐年下降的趋势。越来越多的学员无法完成单杠引体向上，部分甚至在3000m跑中无法跑完全程。然而，在经过一段时间的入伍训练之后，学员们的体能成绩有了显著的提升。除了单杠引体向上之外，其他所有考核科目均达到了及格以上的标准。至于单杠引体向上平均成绩不及格的原因，主要有两个方面：首先，学员们在中学阶段往往没有给予体育课足够的重视，这导致了他们在体能方面的基础不够扎实；其次，组训单位在进行训练和考核时，对动作的标准要求非常严格，不允许学员在执行动作过程中借助摆荡等不规范的借力方式。

2. 阶段达标考核及转校（毕业）考核阶段

经过六十多年的实践与改革，空军航空大学已构建起一套科学的航空体育课程训练体系，其核心为阶段达标考核制度。学员在完成入伍教育阶段的考核后，需在随后的每个学期接受一次阶段达标考核。考核主要针对基础体能，其成绩是评估学员学业完成情况的关键指标之一。多年的实践证明，这一制度是激励学员勤奋学习和训练的有效手段。随着《大纲》的颁布，结合其要求，阶段达标考核的内容和标准也进行了相应的调整。

3. "空勤"特色项目

航空体育课程的核心特征在于其"空勤"属性，这一特点在课程内容上体现为围绕飞行活动所设计的科目。例如，包括全身运动五项、旋梯、固定滚轮、平衡操、四柱秋千、陀螺转椅、活动滚轮等在内的多种训练项目。这些训练旨在提升飞行人员的空间定向能力和抗荷能力。长期坚持并持续进行的训练项目，如全身运动五项、旋梯和固定滚轮是其中的代表。《大纲》明确区分了不同军兵种和专业，设置了具有针对性的训练科目。针对"空勤"人员的抗荷需求，特别设计了专门的训练科目。随着现代战斗机性能的不断提升，飞行员在执行飞行任务时会遭遇持续的高载荷，这可能导致飞行人员出现灰视、黑视、空中意识丧失等不良反应，从而影响飞行安全。通过航空体育训练，可以有效提高飞行人员的抗荷能力，从而解决上述问题。本次发布的《大纲》在科目设置上充分考虑了"空勤"人员的这一训练需求。例如，坐蹬、斜板仰卧起坐、卧推举、颈肌拉力等科目，都是针对"空勤"人员设计的，分别强化了腿部肌群、腹部肌群、胸部肌群和颈部肌群，这些是飞行人员在抗荷过程中主要依赖的肌群。

（二）空军航空大学航空体育组训（课程）体系建设发展特点

1. 优化课程结构，统筹课程安排

空军航空大学航空体育系在细致审视课程体系的基础上，将教学内容与《军事体育训练大纲》进行了精确对照，并依照《大纲》的要求对教学内容进行重构，对《课程标准》中的"内容标准"和"实施建议"等部分进行了重新的界定和阐释。

将《大纲》未明确列出的项目，如四柱秋千、平衡操、活动滚轮等，从正式课程中分离出来，转而以俱乐部活动或选修课程的形式进行。同时，在正式课程中加入了《大纲》所规定的颈肌拉力、功率自行车、坐蹬等项目，以提升正式课程的效率。此外，对整个课程体系进行了科学的规划，并制定了详尽的教学流程。统一并规范了教学内容和阶段性安排，消除了教研室各自为政的现象，确保教员、学员、领导、机关及学员队能够清晰地掌握课程体系，做到心中有数，以便合理安排各阶段的教学计划。同时，明确了考核的

时机与标准，增强了训练的目的性。

2. 紧贴学员实际，合理设计考核

航空体育课程考核分为新兵入伍阶段考核、各学期阶段达标考核、转校考核和毕业联考。组训单位紧紧依托《大纲》的要求，结合自身实际情况，明确各个阶段考核的时机、内容、标准，例如，阶段达标考核每学期安排一次，但是学员入伍考核与第一学期阶段达标考核在考核内容和标准上基本一致，而且间隔时间仅一个多月，因此可以取消第一学期的达标考核。在制定考核标准时基本符合《大纲》的要求，严格按照年龄段确定考核成绩，清晰明确的考核标准使教员和学员在各个不同阶段的训练有明确的目的性，能够做到有的放矢。同时教学单位会同机关研究制定相关考核结果的应用，将奖惩规章化、制度化，做到有法可依，按章办事。

三、海军航空体育组训（课程）体系建设发展现状

海军航空大学于 2018 年开始培养生长模式下的舰载战斗机飞行学员，其航空体育课程（舰载战斗机方向）也在原航空体育组训体系的基础上改良完成，其组训的主体思想是"三从一贯"思想，即"军事训练必须贯彻从实战需要出发，从难、从严训练的方针，把实战化贯穿于军事训练全过程和各层次各领域"。

其核心特征体现在军事训练方面，紧密结合作战任务、对手及环境，坚持实战化训练原则，即根据实战需求进行针对性训练。因此，海军航空体育课程在构建教学内容体系时，着重把握了四个关键要素。①加强理论教学，优化航空体育理论素养课程体系，提升海军飞行学员的基础理论水平，这是提高官兵综合素质的关键基

础；②重视基础训练，创新构建符合海军飞行学员身体功能性训练的课程体系，强调与实战环境相结合，依据飞行职业特性，形成与"实战需求"相适应的身体功能性训练课程体系；③着眼未来，加强海军飞行学员职业实用技能的培养，在巩固基础理论和专业基础的同时，培养岗位任职能力；④全面培养，全面建设海军飞行学员心理运动能力评估与训练方法体系，优化海军航空体育课程考核体系，并对舰载机飞行人才的身心素质教学训练内容体系等关键项目进行深入研究。

综上所述，通过综合对比我国民航院校、美国空军院校、我国军事院校的航空体育组训体系（课程）横向纵向的发展情况可知，"舰机融合"模式下，航空体育发展的趋势如下。

（1）夯实基础，抓住重点，以海军飞行学员飞行职业素养为质量建设基础，全面建设夯实基础与重点建设求突破的关系，推动海军航空体育课程建设协调发展。

（2）系统筹划，创设品牌，超前筹划海军航空体育课程建设发展的任务、目标，在教学课程体系建设上与总部、海军要求同步，突出海军飞行特色，在教学训练的方式、方法上，积极吸纳军内外先进教学经验，创设课程教学、科目训练品牌。

（3）突出应用，贴近实战，坚决贯彻军事训练从实战需要出发，从难、从严的训练方针，把实战化贯穿渗透于军事训练全过程和各层次各领域。教学训练内容向飞行部队靠拢，突出综合应用，锻炼海军飞行学员临机处置能力、团队协作能力、组织指挥能力。

（4）精细管理，确保安全，树立航空体育精细化管理的理念，健全人员管理、教学管理、训练管理制度，严格按纲按例施训，按规章制度规范施教，最大限度地减少运动损伤，确保海军航空体育课程教学训练安全。

第二节　美国军事航空体育组训（课程）体系概述

美国空军军官学院（United States Air Force Academy）创建于 1954 年，位于美国科罗拉多州的科罗拉多斯普林斯，是具有学位授予资格的空军初级军官重点学府。该校力图通过全方位的教育使学员最终成为"具有献身精神的职业空军军官"，为美国培养了大批高素质航空航天人才，该校近 50%的军官在空军服役超过 20 年。

一、美国军事航空体育组训（课程）体系发展现状

美国空军军官学院旨在通过四年的系统教育，将缺乏军事背景和经验的学员，培养成为具备担任军官职务所需的知识、技能和精神动力的合格军人。在此全面的教育过程中，对体育精神的培育和强化被视为最为关键和重视的方面。

美国空军军官学院高度重视学员的体育运动训练，这在课程设置及学员整个学习生涯中均得到体现。在四年的学习期间，学员需完成包括游泳、篮球、足球、网球等传统体育项目，以及拳击、摔跤、柔道、徒手格斗等战斗类运动项目的体育课程。此类课程设置不仅促进学员体能提升，更关键的是，通过参与这些高强度且竞争激烈的运动项目，有助于培养与军事领导才能密切相关的品质，如团队协作精神、竞争意识、决策能力等。体育教育课程内容丰富多样，涵盖水上运动、格斗、体格锻炼以及具有持续价值的体育技能。课程设计旨在全面提升学员的身体素质和运动技能，为学员未来的军事职业生涯奠定坚实基础。水上运动

有助于提高学员的平衡感和应对紧急情况的能力，格斗和体格锻炼则增强力量和耐力，而健康生活方式则使学员在日常生活中也能获益。此外，学员必须参与秋季、冬季和春季举办的校内外体育竞赛。这些竞赛不仅为学员提供展示个人才华的平台，更是锻炼团队协作能力、竞技精神和领导力的良机。通过竞赛参与，学员能在实践中学习和应用军事领导才能，从而提升个人综合素质。

二、美国军事航空体育组训（课程）体系中的体育教育

在美国空军军官学院的教育体系中，体育课程占据着至关重要的地位，这一点从其贯穿四年学制的课程设置中可见一斑。每位学员每年都必须修读四门体育课程，这不仅确保了学员的体能和身体素质的持续提升，而且为他们提供了多样化的运动体验和学习机会。学校对体育课程的设置极为细致和全面，从一年级到四年级都有不同的侧重点和课程内容。一年级的体育课程注重基础体能训练，如游泳、摔跤、拳击等，旨在培养学员的基本运动技能和身体素质，同时为他们日后应对军事生涯中的挑战打下坚实基础。游泳作为军人必备的能力之一，体现了美国空军军官学院对军事素质与体育训练紧密结合的重视。

进入二年级，体育课程开始引入一些更为专业的技能，如健康合格训练方式、水中生存、徒手搏斗等，这些课程不仅提高了学员的运动技能，还在一定程度上锻炼了他们的意志品质和团队协作能力。到了三年级和四年级，体育课程的选择性更加广泛，学员可以根据自己的兴趣和特长选择课程，如墙球、高尔夫球、网球等。学校还开设了《生理学实践》《训练的艺术和科学》《学术》等课程，这些课程不仅丰富了学员的知识体系，也为他们未来的学术和职业

发展提供了有力的支持。值得一提的是，每个学期学员都需要参加身体合格测试（PET）和增氧运动合格测试（AFT）。这些测试不仅是对学员体能的全面检验，更是对他们能否达到军人标准的重要评估。通过这些测试，学校可以确保每位学员都能达到最低标准以上，为日后的军旅生涯做好准备。

美国空军军官学院的体育课程不仅关注学员体能和身体素质的提升，更在课程设置和教学内容上体现了军事领导才能和团队协作能力的培养。这种将体育训练与军事素质紧密结合的教育模式，无疑为学员未来的军旅生涯奠定了坚实的基础。

三、美国军事航空体育组训（课程）体系中的体育运动竞赛

美国空军军官学院对体育赛事的重视程度极高，其校际项目中包括了 17 个男子代表队和 10 个女子代表队，这些队伍均获得了全美大学生体育协会的认可，并被亲切地称为猎鹰。学员在四年的学习期间，必须参与强制性的体育活动，除非他们已经是校队成员。普通学员每周需在两个下午的课后参与校内体育比赛，而其他三个下午则参加中队活动。校队成员需每日下午进行训练或比赛，周末也不例外。参与校际运动会的学员可获得 0.5 学分。

在美国空军军官学院，每位学员都必须参与体育运动，这是学校传统的一部分，对所有学员而言是强制性的。即便他们不参与校际比赛，也必须参加校内比赛。校内比赛不仅为学员提供了愉悦的运动体验，更是锻炼领导能力的绝佳机会。在每个训练周期内每天下午都有超过 3000 名学员参与多达 90 种不同的比赛。在学员组织的比赛中，每年会产生近 1000 个领导职位，包括教

练、裁判和组织领导等。每个赛季内，运动员每周至少需参加两次体育比赛或训练。

校内体育项目主要强调集体主义而非个人主义。比赛以学员中队为单位，强调的是整个中队的胜利，个人成就并非最终追求。对于那些渴望迎接更高挑战的个人，学校还提供了参与校际体育比赛的机会。

第三章　舰载战斗机岗位飞行所需特殊体能研究

随着我军远海防卫战略的确立和航空母舰装备的发展，针对作战环境进行深入研究，海军航空兵将面临由岸基飞行向舰基飞行的重大转型，飞行环境和驻训着舰等条件的变化，对海军航空兵现行的组训方式、飞行技术战术、身心素质训练的途径方法等带来了一系列挑战。通过航空体能课程提升舰载战斗机飞行员岗位专项体能需求分析及训练，可提高舰载机飞行员适应职业环境特点的生理心理能力，并形成规律性认识。

第一节　"舰机融合"职业环境特点对航空专项体能的影响

航空训练应有效结合军事技能、符合实战需求，应从军事技能动作运用的实效性和适应专业技术军种的装备出发完善体能训练内容，在制定执行相关训练内容前应着重就舰载战斗机岗位实践对于飞行人员特殊体能需求进行分析。

一、舰艇长航环境，身心易产生疲劳

随着我国航空母舰战斗群的形成并逐步具备完整的作战能力，

预计未来将会有更多的前出岛链行动,执行任务的频率和持续时间无疑会随之增加。根据目前收集到的数据和分析,舰艇内部的噪声水平、恶劣的海况以及持续的战备压力等因素,都可能对舰员的睡眠质量和情绪状态产生负面影响,进而影响他们的任务动机和工作表现。驻舰飞行人员可能会经历主观上的困倦感和疲惫感,这些消极因素的增加,对执行任务的效率和质量构成了潜在威胁。此外,由于舰艇部队特有的持续连贯作业模式,驻舰飞行人员需要长时间在舰上工作和生活,长时间处于战备状态。这种持续的工作模式可能会导致飞行人员的身体机能节律出现紊乱,从而在认知能力、警觉性、注意力分配以及肢体协调等方面出现不同程度的下降。在极端情况下,这些因素甚至可能危及飞行任务安全。

驻舰飞行人员在狭窄的舱室内,面对着不断发出轰鸣声的机械设备,必须保持高度的警觉和专注。在这样的环境下,驻舰飞行人员的睡眠质量受到严重影响,他们常常在短暂的休息时间里,被周围的噪声和摇晃的船体所打扰。这会使飞行人员感到疲惫,影响其情绪和心理状态,使得原本紧张的战备工作变得更加艰难。他们必须在有限的空间内,长时间保持高度的警觉和准备状态,随时准备应对可能出现的紧急情况。长时间的连续工作,不仅考验着他们的身体素质,更是对心理承受能力的极大挑战。在这样的压力下,飞行人员的身体机能节律很容易被打乱,导致认知力下降、警觉性减弱、注意力难以集中,甚至在执行飞行任务时出现肢体协调上的失误。这些潜在的风险,无疑对飞行任务的安全构成了严重威胁。

二、战机性能优越,起降方式冲击强

在执行各项任务时,舰载战斗机飞行员会受到正负加速度及加速度增长率的影响,这些因素共同作用,决定了飞行员在飞行过程中所承受的加速度效应。无论是通过滑跃起飞、弹射起飞，还是在进行高速飞行、转向、爬升、俯冲、空中格斗等机动动作时，舰载战斗机产生的正加速度最高可达 9g。随着空天战态势的不断演变，飞行员在高加速度环境下的暴露时间可能会持续数分钟。在这种情况下，飞行人员的内脏会发生位移，血液会流向下方，眼球也会下移，产生视觉障碍。这些生理变化继而影响中枢神经系统，导致人体的肢体操作能力、记忆力等受到负面影响。同时，由于惯性的影响，肢体压力会增大，肌肉的工作能力受限，这会造成四肢协调发生障碍，从而对飞行员的战斗力产生不利影响。

三、加减反应灵敏，精细操控要求高

舰载战斗机在进行起降操作时，由于其高速度的特性，对飞行员的手眼协调能力和操控技巧提出了极高的要求。特别是在着舰阶段，飞行员必须执行一系列精确的反区驾驶操作。以辽宁舰起降为例，在这个过程中，尾钩的高度距离甲板仅有 4.2m，而阻拦索之间的间隔仅有 10m，任何微小的操控失误，如手指或手腕的轻微偏差，都可能导致严重的后果。此外，侧风和浪涌等自然因素也会对飞机的着舰对准校正造成干扰。为了尽可能减少这些误差，飞行员需要利用上肢的各个关节，包括肩部、肘部、腕部和手指，进行极其精细的操作。当飞机的主轮接触到甲板的瞬间，飞行员必须在极短的时间内做出反应，迅速操控油门，让飞机加速，准备进行复飞逃逸。一旦飞行员感知到减速并成功挂上阻拦索，他们必须立刻减小油门，让飞机滑行至完全停止。这一系列动作对飞行员的神经系统反应速度和精细操控能力提出了非常高的要求。

四、空间感知困难，易发生飞行错觉

飞行空间定向能力是飞行人员对海、空、地面目标，飞行器相对位置，自身与飞行环境之间的空间关系，进行自我识别判断的认知能力，它通过飞行人员的感官产生并作用于飞行人员的身心。该能力是飞行人员控制舰载机、顺利完成海空飞行任务中最核心的要素之一，是飞行人员生理、心理及飞行水平的综合体现。舰载战斗机飞行人员执行任务多数在海上。白昼状态下，一望无际的海面基本没有明显、可靠、固定、准确的地面参照物；能见度较高时，海天相接处颜色接近，易产生错觉；向阳飞行时海面反光强烈，波浪起伏产生视觉刺激，甚至出现炫目情况；云雾天气，海天相接处白雾茫茫，飞行员无法按海天线判断飞行姿态；低云或雾状态下，存在假海天线等情况；夜间执行飞行任务时，星空、星空倒影与海面船只灯光交织。上述种种情况均会误导飞行人员判断飞行器状态，从而产生不同方向、不同程度的视觉性倾斜错觉，甚至出现"海天倒置"现象。另外，由于海面空旷，视野范围内缺少参照物，光线对视网膜的刺激相对较小，反馈至中枢神经系统会产生相对速度"缓慢"的错觉，而着舰阶段则情况相反，因此在海上目视飞行时经常出现误近为远、误高为低、误快为慢的错觉，这就要求在基础教学阶段的日常训练中，应该把空间定向能力训练和错觉适应性训练作为体能身心训练的重点内容。

五、作业范围拓展，特殊环境影响大

航空母舰编队在外海海域遇到的气象条件相较沿海航线更加复杂，甚至会出现极端恶劣海况。这些复杂多变的气象条件，如强风、巨浪、暴雨等，都会给航母编队的航行和作战带来极大的挑战。

未来，航母编队还将面临更多新的任务环境，比如跨越时区，南下热带及亚热带等环境进行训练遂行作战任务。在这些环境中，航母编队需要面对更加复杂多变的气候条件，如高温高湿、强紫外线等，这些都会对飞行人员的操作精细程度和注意力分配产生影响。高温高湿环境会导致飞行人员体力消耗加快、操作精细程度降低、注意力分配失误等问题，从而影响作战任务的顺利完成。而向两极拓展时，低温冷湿环境则会对飞行人员造成更大的挑战，不仅会导致心理倦怠，精细化感知能力下降，甚至还会出现操控失能等极端情况。因此，航母编队在未来的作战训练中，需要更加注重气象条件的监测和预警，以及飞行人员的适应能力和防护措施的提升，以确保任务的顺利完成。

第二节　航空体育组训专项身体素质需求分析

正如美军舰载机飞行人员所说："每次舰载起飞或着舰，都是一次生死考验，好似刀尖上的舞蹈。"要在如此快的速度下，在那么小的地方稳稳地停下来，一旦出事便可能是机毁人亡，起飞降落引发的应激反应、创伤评估和身体训练已成为影响舰载机飞行人员作战能力的重要因素，受到各国学者的高度重视，是舰载战斗机飞行员所要面对的飞行职业环境的重难点。

2015年7月，海军《舰载战斗机飞行员身体心理训练大纲》对舰载战斗机飞行员身体素质提出了比以往更高的要求。特别在着舰过程中，由于距离短、冲力大，飞行员对飞机精细化操作更加复杂，挂索瞬间须快速反应，做好复飞动作。着舰过程风险高、难度大，给飞行员生理造成巨大影响，任何一个方面的缺失或者准备不当，都可能造成巨大损失。

一、精细操作能力

舰载着舰对操纵飞机的精确度要求极高,舰尾距离第一道拦阻索 46m,着舰过程中钩眼距的钩过舰尾时,距离甲板的高度只有 4.2m,飞行轨迹略高,就容易越过第四道索,飞行轨迹略低,便容易撞到舰尾。因此,在着舰过程中,任何一个不精确的操作或细小的差错,都可能带来严重的后果。同时,飞行员着舰过程中需进行反区操纵,操作的特点是左手操作油门频率比陆基着陆高数倍,尤其是在下滑线上,因为受侧风影响,飞行员为了对准跑道和调整高度,要进行微控和纠正,此时主要是肩、肘、腕对杆的精细操纵。

二、空间定向能力

舰载战斗机飞行员主要在海洋上空作业(相对于陆基飞行),空间可参照物少。同时,为保证能定点着舰,固定翼舰载机(垂直起降机型除外)均采用"反区操纵"技术。在着舰航线中,飞行员为保持飞机的迎角不变,在航线的下滑线上,用油门加减操控飞行轨迹高度。此时,飞行员必须对自身状态、飞机状态、飞机与舰的位置等做出准确判断。因此,在着舰过程中,飞行员本体感知要求很高,在生理上要对空间、位置、轨迹进行预测感知。良好的本体感知能让飞行员提前预判飞机的偏差,进而调整位置、轨迹,最终实现成功着舰。

三、灵敏反应能力

舰载战斗机在着地(舰)的过程中,两主轮接地一瞬间,不管挂钩是否挂上索,飞行员都必须做出逃逸动作。此时,要求飞行员在极短时间内，将油门加至最大，做好复飞逃逸准备。当挂索成功时，飞机产生巨大减速，飞行员要立即将油门减至最小，继而滑行至停止。当挂索未成功时，飞行员继续保持飞行姿态进行复飞。此时，飞行员不仅要快速应对所发生的着舰过程，并且要灵活操控飞机，不论是复飞还是逃逸，都需要在挂索瞬间做出快速反应和精确动作。

四、脊椎耐受能力

在舰载战斗机舰飞过程中，飞机以极大加速度滑出舰首，飞机被抛向固定空间轨迹时，对人体产生较大的加速度（飞行员有较大的推背感），颈部向后快速牵扯，在准备不足的情况下，容易出现短暂的空间盲从（感知短暂性缺失）。在着舰的下滑线上，飞机以平均 $3.5m/s^2$ 的加速度下滑，两主轮结实墩地（舰）过程中，对飞行员脊椎承受力也提出了较大考验。在陆基模拟着舰航线（FCLP）飞行训练时，气象条件不稳定，受左、右侧风影响，飞机容易带侧滑、带坡度接地，瞬间加速度会增大到 $4m/s^2$ 以上，飞行员的椎体将有可能承受更大压力，特别是陆基拦阻挂索训练时，气象风速近于 3m/s，拦阻瞬间飞行员的头颈部就要承受 5g 的反向负荷，极易造成颈部挥鞭伤。

五、飞行负荷和耐力适应能力

在舰载战斗机着舰过程中舰船是运动的。16 号舰航母接收舰载战斗机着舰的基本条件为保持舰速在 6~18kn，舰面形成合成风速达到 10~15m/s，并且要克服海浪对舰上下升沉的影响。由于 16 号舰的舰型设计，舰首航向与着舰区航向存在一定的夹角，航母在航行中由于舰首滑跃起飞的上翘舰首，流过舰面的气流轨迹产生变化，造成流过舰尾时的风向形成形似"公鸡尾流"的现象，尾流区段不固定，只能感知到在舰尾区间有下沉现象。同时还有舰岛因素，即受舰岛阻挡，致舰尾的风向、风速会不规律出现漂移现象，这也是舰载机飞行员必须要克服的"舰尾漂移"操纵难点。此外，舰载战斗机的航迹定位只能完全依靠仪表（心理盲从性增大、心理预期增高、体能损耗加大），完成训练或作战任务的精力难以合理分配。同等时间内舰载飞行较普通飞行易疲劳，返航后的着舰难度较大，每次的返航着舰都是一次生理挑战。因此，舰载机飞行员必须要具备良好的身体素质。

综上所述，随着装备的更新换代和舰载战斗机飞行员成功舰飞、着舰，对舰载战斗机飞行员现行的组训方式、飞行技术战术、身心素质训练的途径方法等带来了一系列挑战，势必对飞行员的身体素质提出更高要求。

第三节　舰载战斗机飞行学员航空专项体能组训策略

在基础教育阶段，对于舰载战斗机飞行学员来说，航空体能训练是获得强健体魄的重要途径。通过在院校的基础教育阶段，帮助学员有意识地精确控制体能训练，不仅能够为他们飞行能力的提升打下坚实的基础，而且还能促进飞行技术的进一步发展。这种训练方式是飞行学员适应战斗岗位、成为优秀人才的一条优化路径。因此，在训练组织的过程中，应当遵循以下策略。

一、重视系统筹划，将周期理论引入航空体能组训

在基础教育阶段，为与岗位任职阶段进行有效衔接，对应舰载战斗机飞行职业环境对于战斗体能的要求。因此，本研究将周期理

论引入航空体能组训，系统统筹课程教学计划。对于优化学员身体素质、能力强化培养方面应坚持航空体能"全面发展、防伤防病"的理念，在设计上，以学期为单位，将其四年在校时间划分为 4 个阶段：将入学入伍阶段和第 1、2 学期作为基础体能训练阶段，重在打基础、学理论，强调关节灵活性、肌肉柔韧性、爆发力与灵敏协调等能力的养成和航空体能基础理论知识的学习；第 3、4 学期为基础体能增进阶段，重在综合交叉训练，全面发展基础体能同时着重强调心肺功能与绝对力量、力量耐力的形成；第 5、6 学期为航空体能基础项目阶段，以《军事体育训练大纲》《院校教学大纲》规定项目为牵引，重技术学习、重伤病预防；第 7、8 学期为航空体能飞行准备阶段，将抗眩晕、肩颈核心肌群训练、下肢蹬伸力量发展等作为重点，为毕业考核及初教阶段飞行实践做准备。

二、强调精细控制，应循序渐进组织航空体能训练

对处于基础教育阶段的飞行学员而言，其体能训练应由过去的单一体育项目训练（如单杠 1 练习）变为未来的多元组合协调训练（如 CROSSFIT 训练），飞行操控的精细程度也由粗犷型向集约型转变，对身体的精细化协调控制越来越高。同时，随着训练时间的增长，训练围度、深度逐渐发生变化，体能训练也由被动无意识变为有意识的精确控制训练。航空体能训练的最终目的不仅是学会运动项目，而是要提高飞行能力，或者促进飞行技术发展。因此航空体能训练是飞行的基础、安全的保障，改变粗犷型体能训练的方式将成为必然的发展趋势。在具体训练中需要做到突出肌肉力量训练，加强抗荷力、肌耐力；弱化有氧耐力训练，增加灵敏协调训练；减少特项体操训练，推动三维空间训练；注重训练热身放松，促进机体恢复速度；做好按摩理疗保障，消除身体不利影响。

三、把握训练要点，全方位展开组训体系设计论证

体能训练内容体系的设置既要符合体能训练的基本规律，又要从教学训练实际及学员身心发展需要的角度出发进行融合式设计。整体以体能训练递进式教学模式为指导，遵循运动技能形成规律（泛化、分化和自动化），全面发展航空体能基础体能，突出实用技能，运动负荷循序渐进，运动训练坚持经常。采用讲解示范、个人体会练习、集体练习与个别指导相结合的方式；以学员训练为主体，重视学员个体差异，提高学员体能素质。在教学中既要注重理论的学习，又要与运动训练实践紧密结合。采取单项目结业、课终考核、毕业考核、阶段达标及各种对抗考核相结合的方式，力求全面、实时地反映学员体能状况与技能掌握情况。其中，项目选择应紧扣体育的根本目的及基本性质，应以运动技术教学组训为航空体能教学的主要目标和内容，教学组训方法选择应侧重于技术掌握及健身原理学习，组训计划执行与设置应科学合理地安排运动负荷强度、量度及密度，应把握好技能组训与学员体验运动乐趣的关系，应善于利用学员体育学习的团队集体适应力，组训教学评价方式应注重过程性与结果性相结合；应以知识技能学习为主导，注重体系建设，应将学员心理健康养成建设贯穿全过程，应通过细化工作程序切实保障训练安全。

四、突出训练监控，全员全过程参与航空体能训练

在训练设计实施的过程中将航空体能组训教学计划、课程实施方案、课程监督检查、课程反馈调整的全程循环控制思想融入航空体能组训实施的各环节，使影响飞行学员培养质量的关键控制节点和关键环节始终处于可控状态，做到实施前课程准备控制、课程实

施中质量控制、课程实施后反馈调整控制，实现"教学计划设计、课程方案实施、全程监督检查、实时反馈调整"的良性循环运行机制。航空体能训练设计实施全员参与原则，飞行学员身心素质健康发展是航空体能组训培养的根本任务，为适应舰机融合所需身心发展的职业特点，需要航空体能组训实施教员、学员、大队、学院、飞行训练团、任职部队等共同努力和参与，每个人都是航空体能组训质量保障体系建设的重要参与者，其中，飞行学员是主体、教员是主导，培养大队及学院要发挥好领导、指导及服务作用，建立起与飞行训练团、任职部队的有效沟通、衔接、跟踪评判机制，形成自觉自律的飞行学员培养质量文化，从而促进学员、教员、学院范围内的循环持续发展。

五、回归体育本质，明确专项体能为舰载飞行基础

航空体能训练的本质是体育活动，体育的定义是"以身体运动为基本手段促进人身心健康发展的社会文化活动"，该定义凸显出体育是身体活动的基本属性，航空体能组训体系内容开发的一项主要任务是如何科学选择教学训练内容，即如何围绕体育运动开发组训内容资源。因此，组训体系建立的初期即要明确航空体能课程与教学的根本目的是提高飞行学员的身体素质，为未来岗位需求奠定身心基础。其项目的设置应具有针对性，应突出适应岗位需求，从未来海空作战实际情况出发，开展系统航空体能训练。梳理好基础体能、航空专项体能、综合体能训练之间的承接关系，规划好各运动项目属性及训练时机节点，做到不超前、不错后，科学确定训练项目承载的功能，尤其是与飞行密切相关的体能训练，需切实把体能训练与舰载飞行实际密切结合起来，使体能服务于飞行作战，让飞行学员明白航空体能训练的真正目的、意义，从而把握好航空体

能训练规律，认清身心素质与驾驭高性能战机需求的关系，为体能训练提供思想引领。在此基础上，强化飞行学员体能训练，其中，基础体能增加柔韧、灵敏、协调等基本运动素质练习；专项体能增加四柱秋千、三维固滚，以增强学员在三维空间内的抗眩晕适应能力；在模拟飞行阶段，适当补充综合体能训练，通过飞行模拟器模拟出飞行实践过程中的场景，进行提高、强化训练，使体能训练与舰载飞行实战环境相互融合达到"人、舰、机"合一，真正使航空体能训练达到熟练化、强化、内化的目的。

综上所述，对处于高等教育基础教育阶段的飞行学员而言，体能训练也应由过去的单一项目训练变为未来的多元组合协调训练，飞行的精细程度也由粗犷型向集约型转变，对身体的精细化协调控制越来越高。同时，随着训练围度、深度的变化，体能训练也由被动无意识变为有意识的精确控制训练。训练的目的不仅是促训练、保安全，而是要提高飞行能力，或者促进飞行技术发展。体能训练是飞行的基础、安全的保障，改变粗犷型体能训练的方式将成为必然的发展趋势。

第四章 航空体育组训体系的设置要点与原则分析

当今时代,现代海军的战斗力核心已经转向了航空力量,因此,大级别吨位的重型航空母舰成为当前以及未来一段时间内我国海军发展的关键所在。作为一个高度复杂的系统工程,海基航空力量不仅依赖于航母平台本身,还依赖于舰载机的高效配合与协同作战。然而,无论系统多么先进,其真正的战斗力最终还是要通过舰载机的性能和作战能力来体现。

鉴于现代战争的复杂性以及高强度对抗环境的特殊需求,对舰载战斗机飞行人员的素质要求日益提高。这促使我们必须对飞行人员的体能训练进行深入的思考与规划。特别是对于那些正处于高等教育基础阶段的舰载战斗机飞行学员,其航空体育组训体系的设计不仅要遵循航空体育的育人规律,而且要基于实际教学组训和学员身心发展的需求,进行创新和融合式的设计。

第一节 航空体育组训体系的设置要点

通过对相关领域专家的访谈与总结,现将航空体育组训体系设置的 6 个基本要点总结如下,并逐一展开论述。

第四章 航空体育组训体系的设置要点与原则分析

一、要点 1：航空体育组训项目选择应紧扣体育的根本目的及基本性质

航空体育的本质是体育，而体育的定义是"以身体运动为基本手段促进人身心健康发展的社会文化活动"，这一定义不仅凸显了身体活动的基本性质，而且强调了体育活动在促进身心健康方面的核心作用。因此，航空体育组训体系内容开发的一项主要任务是如何科学选择教学训练内容，即如何围绕体育运动开发组训内容资源，以确保训练内容的科学性和有效性。这涉及对航空体育特有环境和条件的深入理解，以及对飞行学员身心发展规律的准确把握。

因此，在航空体育课程与教学组训体系建立的初期阶段，必须明确其根本目的是发展飞行学员的身体素质，为他们未来在各种岗位上的需求奠定坚实的身心基础。这就要求设置的训练项目必须具有明确的针对性，能够满足飞行学员在身体素质方面的特定需求。同时，这些训练项目还应当与飞行技能训练紧密结合，以确保飞行学员在掌握专业技能的同时，也能够拥有良好的身体条件和心理素质。只有这样，飞行学员才能在未来的飞行任务中表现出色，确保飞行安全和效率。

飞行学员的训练内容设置应当全面而细致，涵盖七个关键部分，包括基本知识、准备活动与整理活动、基础体能、实用技能、岗位适应、综合应用以及体育锻炼。通过强调训练的核心要素，紧密联系实际的飞行操作，确保飞行学员能够接受全面而系统的训练。在训练过程中，需要明确基础体能、专项体能以及综合体能训练之间的逻辑关系，合理地划分不同科目的属性，并科学地确定每个训练科目所承载的功能。特别是专项体能训练，必须确保体能训练与飞行操作的实际需求紧密结合，从而使体能训练能够有效地服

务于飞行训练。此外，训练计划的设计应当考虑到学员的个体差异，以及不同飞行阶段的具体要求，以确保训练内容既具有普遍性又能够针对个别学员的具体情况进行调整。通过这样的训练安排，飞行学员不仅能够掌握必要的理论知识，还能在实际操作中展现出色的技能和良好的体能状态，为成为一名合格的飞行员打下坚实的基础。

为了达到上述目标，训练内容的设置需要遵循科学性和实用性原则。首先，基本知识的传授是飞行学员训练的基石，它包括航空理论、气象学、航空法规等，为学员提供飞行操作的理论支撑。其次，准备活动与整理活动是保障飞行安全的重要环节，可以帮助学员在每次飞行前后做好身体和心理上的准备，以适应飞行环境的变化。基础体能训练则侧重于提升学员的体力和耐力，为后续的专项技能训练打下基础。实用技能训练包括模拟器操作、飞行技巧等，旨在让学员在模拟环境中熟练掌握飞行操作。岗位适应训练则着重于让学员了解和适应未来可能担任的飞行岗位职责。综合应用训练则通过模拟真实飞行任务，让学员在复杂多变的环境中运用所学知识和技能。最后，体育锻炼不仅可以增强学员的体质，还能够提高心理素质，为应对飞行中的各种压力做好准备。整个训练过程需要教练员和学员的共同努力，通过不断的实践和反馈，持续优化训练方法，确保每位学员都能在飞行领域取得成功。

此外，飞行学员需要清晰地理解航空体育训练的目标和意义，掌握航空体育训练的基本规律、航空体育训练身体素质的生物学基础、运动生理学、运动损伤的预防知识与技能。学员还应熟悉飞行人员必备的五种能力，以及身心素质与驾驭新型战机需求之间的关系，从而为学员的体能训练提供坚实的理论基础。重新构建飞行学员体能训练模块，基础体能训练中增加柔韧、灵敏、协调、核心稳定力量训练以及康复训练等基本运动素质练习；专项体能训练中增加四柱秋千、三维固滚等项目，以增强学员在三维空间内的抗眩晕适应能力。

同时，在模拟飞行环节中，可以补充综合体能训练，利用飞行模拟器模拟出飞行实践过程中的各种场景，进行针对性的提高和强化训练。通过这种方式，使体能训练与飞行实践相互融合，相互促进，真正实现体能训练的熟练化、强化和内化，最终达到"练为战"的训练目标。这种训练方法不仅能够提高飞行员的身体素质，还能增强他们在面对复杂飞行环境时的应变能力，确保在实际飞行任务中能够保持最佳状态，有效应对各种突发情况。

二、要点 2：应以运动技术教学组训为航空体育教学的主要目标和内容

航空体育组训的主要目标包含两个核心方面。首先，通过多样化的训练手段，旨在提升飞行学员的身体素质，确保他们具备优秀的体能和健康状态，这对于飞行学员而言至关重要，因为飞行任务通常要求极高的身体素质和耐力；其次，航空体育组训的核心目标之一是使飞行学员掌握一系列实用的运动技能，这些技能不仅对于他们完成飞行任务至关重要，而且在未来的职业生涯中，都能发挥出重要的作用。通过学习和运用这些技能，飞行学员能够更加有效地应对各种飞行环境和挑战。同时，航空体育组训还能够带来其他积极效果，如促进运动参与、增进心理健康以及提高岗位适应能力。这些目标和目的虽非直接，但随着上述两个核心目标的实现，它们自然得以达成，从而为飞行学员的全面发展奠定了坚实的基础。

因此，航空体育组训体系设计的核心和关键在于运动技术的学习和身体锻炼的强化。在航空体育的学习过程中，飞行学员们最为渴望和期待的，无疑是运动技能的提升以及运动成绩的进步。他们

希望通过这样的学习和锻炼，发展自身的各项素质，增强体质，确保自己的身体状况能够完全满足舰载岗位对飞行人员的身体要求。运动技能的提高，对于飞行学员来说，是他们不断进步、不断融入航空体育组训体系的必要条件，也是他们在未来海空作战中挑战自我和对手的重要基础。

此外，运动技能的提升是飞行学员展示自我、建立自信的重要前提，也是他们进行充分运动的媒介，更是他们在航空体育运动实践中进行交流和结交朋友的桥梁。从体育健康生活方式的角度来分析和考虑，航空体育组训体系最大的期待和目标，是希望每一个飞行学员都能够学习并掌握一两项运动技能，以此来积淀他们锻炼身体的意识和爱好。通过这样的方式，飞行学员能够真正体验到运动带来的快乐，并将这种快乐作为长期锻炼身体的手段，使其辐射和渗透到他们的飞行职业和整个飞行生涯中。

三、要点 3：航空体育教学方法选择应侧重于技术掌握及健身原理学习

在航空体育教学领域，教学方法作为传授技术和身体锻炼技巧的核心，对于航空体育课程的教学至关重要。它不仅要求教学内容和方法的不断更新，而且需要在长期的航空体育运动教学训练、改革实验和创新的基础上，形成新的教学方法。然而，在当前航空体育教学方法的探索过程中，出现了一些令人忧虑的趋势。这些不良趋势主要体现在教学方法使用的随意性上，甚至有的滥用所谓的"现代航空体育教学方法"，以及片面地否定过去行之有效的传授式体育教学方法。

那么，何为航空体育教学的核心方法呢？这需要从航空体育教学的主要目标和效益进行分析。航空体育教学的主要目标应为"通

过体育项目和航空体育专项项目的教学实施，飞行学员获得各种运动技能，并通过学习的过程，使锻炼身体和学会锻炼身体有机统一"。据此，运动技能的传授是航空体育教学的首要目标，运动技术是所有体育教育和教养的"载体"，航空体育教学的主要目标和效益都应体现在对运动技术的掌握上。因此，核心的教学方法应为传授运动技术的教学方法。

航空体育新教学方法的应用，并不意味着完全摒弃传统教学方法。诚然，在过去使用"传统体育教学法"的过程中，存在"只会不懂""只教不辅"或"只练不乐"的缺陷和不足，因此需要对航空体育教学方法进行改进和改革。但"传统体育教学法"的主体地位和功能并未改变，从这个角度来说，"现代体育教学方法"并非完全取代"传统体育教学法"，而是对传统教学方法的补充和融合。因此，航空体育课程教师在应用新教学方法时必须关注以下四个要点。①明确"现代体育教学方法"的目的；②弄清"现代体育教学方法"的教学对象；③明确"现代体育教学方法"的适用教材；④阐释"现代体育教学方法"的使用频率和限制在哪些环节和细节。航空体育教学实践表明，任何优秀教学方法的使用都不是无限制和无度的，也不是完全适用于任何航空体育教材和项目，即优秀教学方法也不能滥用无度。

目前，广泛采用的现代教学方法主要包括探究式教学方法、合作性教学方法、自主性教学方法、网络教学法等。这些方法在具体的教学实践中可以灵活运用，可采用课上课下、课内课外、线上线下相结合的方式。例如，探究式教学方法鼓励学生主动探索和发现知识，合作性教学方法强调团队合作和共同进步，自主性教学方法提倡学生自我管理和自我学习，网络教学法则利用现代信息技术，打破时间和空间的限制，提供更加灵活多样的学习方式。这些现代教学方法的应用，不仅能够激发学生的学习兴趣，提高教学效果，而且能够培养学生的创新能力和实践能力，为他们的未来发展奠定坚实的基础。

四、要点 4：航空体育组训应合理科学安排运动负荷强度、量度及密度

在航空体育训练过程中，练习密度与运动负荷是实现体育教学目标的关键要素，是飞行学员学习运动技术、进行身体练习时不可或缺的变量，同时也是体育学科教学的本质因素和航空体育课程的显著特点。因此，为了确保飞行学员的身体素质和体能得到持续的提升和积累，航空体育教学必须具备一定的练习密度与运动负荷。

这就要求每一位从事航空体育教学的教员，在进行教学活动时，必须将运动负荷与练习密度视为完成课程任务的重要指标。高度重视对航空体育课练习密度与运动负荷的设计，并根据航空体育课的实际情况，对运动负荷进行精确的把握和适时的调整，确保航空体育课程的教学能够有序进行，同时确保学生的人身安全。

在航空体育教学与训练中，必须特别重视课上运动负荷的科学安排。然而，在教学训练实践中，有时会出现对每节课运动量与运动密度重视不足的情况，这导致了偏差的做法。此外，在航空体育实践中，也出现了大量非体育性游戏和非体育性比赛项目涌入课堂的现象，这种做法是不恰当的，应当给予高度关注。

从实际出发，航空体育组训的核心在于学习运动技术、技能以及进行相应的身体素质锻炼。因此，航空体育训练必须具备一定的运动负荷与练习密度。但是，具体到航空体育训练，其包含了不同的形态和形式。不同的航空体育内容（运动项目）对运动负荷的要求也各不相同。例如，在教学模块中，新授课与练习课的运动负荷要求会有所不同，因为它们出现在教学单元的不同阶段。此外，不

同教学形态的体育课对练习密度与运动负荷的要求也有所区别,活动、展示、考核等环节对运动负荷的要求也各有特点。

为了科学地安排运动负荷,航空体育组训者在具体的教学训练实践中必须提前做好准备工作:①要全面了解和掌握全体学员的身体状况;②要深入细致地研究航空体育教材;③要深入研究和了解在不同项目、不同情况下运动负荷的变化规律;④要熟练掌握巡视法、询问法和观察法等更直接的负荷判断方法,以便更准确地评估和调整运动负荷。

五、要点 5:航空体育组训应把握好训练实施与学员体验运动乐趣关系

在航空体育组训的过程中,教学及训练的设计与实施必须科学地处理好航空体育运动技能的教学与确保飞行学员能够真正体验到运动乐趣之间的关系问题。乐趣不仅是激发学习动力的关键因素,也是学习的起点,更是学员坚持持续训练的基石。对于如何平衡这两者之间的关系,在军事航空体育组训的运行实践中,一直存在着较大的争议。

确保飞行学员掌握一些实用的运动技能(航空体育专项技能),同时让学员在学习过程中体验到航空体育运动的乐趣,这两者并不是相互矛盾的。实际上,它们是进行航空体育组训时应该追求的体育课程与训练教学的双重目标。通过使用科学合理的教学方法,可以在确保学员掌握必要技能的同时,也让他们享受到运动带来的快乐,从而达到最佳的教学效果。

飞行学员学习运动技能与体验运动乐趣不是相互矛盾的。因此,在组训中要防止将学习运动技能与体验运动乐趣对立起来,更不能简单地理解为"让学员体验运动乐趣就是学员想干什么就干

什么"。总之，运动技能教学与学员体验运动乐趣二者不可偏废，并且要正确理解、处理、把握二者之间相互支撑、相互促进的关系，不能把二者对立和割裂开来。

从航空体育课程设计目标上理解掌握运动技能是体育教学的基本目标，如果教师教不好、学员学不会，航空体育教学就失去了真正的意义和价值，就变成了一种单纯的身体活动，航空体育就失去了应有的地位。因此，在航空体育课程教学中，运动技能不仅要教，而且还要教好，并且让学员学会，让学员最大限度地体验到运动乐趣是航空体育课程教学所要追求的一项重要目标。

每个人通过运动技能的学习和练习，真正体验到体育学习带来的乐趣和幸福感，才能使学员自觉、积极地进行航空体育锻炼，这是实现航空体育与飞行学员体质健康目标和价值的有效保证，也是培养其健康生活方式的意识、兴趣、习惯的前提。因此，让飞行学员掌握好航空体育运动技能和充分体验运动的乐趣，在目标层面上是一致的，而且也是协调发展的。从航空体育的内容上讲，掌握航空体育运动技能和体验航空体育运动乐趣有时是统一的，有时又是不统一的。因为在航空体育教学训练内容设置上，有些项目的确有很强的趣味性，这些项目的教学使学员很容易体验到运动的乐趣。但是在教学中也会安排一些趣味性不强的内容，这些项目使学员很难体验到运动的乐趣，甚至导致学员在练习中要承受一定的"痛苦"，但是这些项目对发展某项素质非常有效。在航空体育运动技能方面，有的项目技能性非常强，但也有一些技能性不强的教学内容。

"趣味性强但技能性不强"的内容，掌握运动技能和体验运动乐趣易协调；"技能性强但趣味性不强"的内容，掌握运动技能和体验运动乐趣相对不宜协调，可突出某一方面的价值；"趣味性和技能性都不强"的内容，掌握运动技能和体验运动乐趣都有困难，应根据需要谨慎运用。在教学方法层面上要对不同类型的内容进行不同的教学。为了达到最佳的教学效果，教师需要根据每个学员的个性和能力，以及不同项目的特性，灵活运用各种教学方法和手段。例如，对于那些趣味性强但技能性不强的项目，教师可以采用游戏化教学，让学员在轻松愉快的氛围中掌握基本技能；而对于那些技能性很强但趣味性不强的项目，教师则需要更多地关注如何激发学员的学习兴趣，通过设置合理的挑战和目标，让学员在克服困难的过程中体验到成就感和满足感。此外，对于那些既缺乏趣味性又缺乏技能性的内容，教师应考虑如何将这些内容与学员的实际需求和兴趣相结合，以提高教学的有效性和吸引力。

上述四类教学训练内容，都是现实存在的，对于航空体育组训而言，也是非常有用的。重要的是要针对上述四类教学内容，分别采用科学合理的处理方法。

（1）在航空体育教学训练中，应该把"趣味性和技能性都强"的项目内容列为课堂外教学的重点，可以将其理解为饮食中的主菜，即主教材。针对这类教材，要结合学科深入研究其教学规律（学理），认真熟悉和备好、教好这些教材，并充分发挥和挖掘这些教材固有的趣味性和技能性，使飞行学员真正体验其中的乐趣，以提高航空体育教学训练的实效性和质量。

（2）在航空体育教学教材项目的搭配上，必须要教的"技能性强但趣味性不强"的教学内容，可以将其理解为饮食中的副食，也是重要的教材。针对这类教材，同样要在深入研究其教学训练规律（学理）的同时，积极探索和改进组织教法，发掘一些富有情趣的因素来进行教学训练调节，例如，通过情境化、游戏化、竞赛化、简易化等方法，赋予这些教材教学情趣化和娱乐化内容，但要注意不能只为趣味化而忽略和放松运动技能教学。

（3）在航空体育教材的搭配上，对于"技能性不强但趣味性强"

的教学训练内容，可以将其理解为饮食中的调味品，即油盐酱醋，因此不能作为主教材。对于这类教材，在航空体育教学中应该更多作为调节教学的辅助内容来运用，例如，在准备活动、调节情绪或休息放松时运用，这类教材的运用不能过多，以免影响主要教材的教学，影响课题的教学密度和负荷，使主要的教学任务无法完成。

（4）在航空体育教材的搭配上，对于"趣味性和技能性都不强"的教材，可以将其理解为"药"（针对某种特殊要求），这些项目在教学训练中不可能成为主教材。针对这类教材，更多的是作为锻炼学生和教育学生的特殊内容来使用，例如，根据舰载飞行对心肺功能的要求，在日常教学和训练中，通过课上课下有针对性地让学员练习，其训练内容基于高强度间歇训练（HIIT）、功能性训练、力量与代谢性训练的内容，以锻炼肌肉耐久力、小肌肉群等局部肌肉的强化训练，为提高飞行耐力奠定基础。运用这类教材必须要有明确的目的和目标，做到"对症下药"。

在探讨航空体育教材的组合与实际教学应用时不难发现，从教学训练效果的角度来看，"教得好"与"玩得好"往往可以达到殊途同归的效果，这正是教学训练艺术的最高境界。然而，如果一堂课仅仅是"玩得好"，但缺乏有效的教学方法和指导，那么这样的课程并不能真正称为航空体育课。同样地，如果一堂课仅仅"教得好"，但学员们无法在其中体验到运动的乐趣，感受到"玩"的快乐，那么也不能算是成功的航空体育课。在教学方法的选择上，需要考虑不同的策略，如游戏法和比赛法等，这些方法不仅有利于学员们掌握运动技能，而且能够让他们在学习过程中体验到运动的乐趣，从而达到教学与娱乐的完美结合。

因此，为了实现这一目标，航空体育组训者必须巧妙地将理论与实践相结合，确保整个体育课堂既充满趣味、生动活泼，又具有实际效果。通过这样的方式，可以达到将教育融入娱乐、将体育融入心灵、将健康融入智慧的目的。如果每一位组训者都能够深入地掌握和理解上述关于如何根据不同教材采用不同教学方法的深刻认识，那么在选择教学内容和运用教学方法的层面上，就能够更加得心应手地将航空体育学习、运动技能的掌握以及运动乐趣的体验完美地融合在一起。

六、要点6：航空体育组训应善于利用学员体育学习的团队集体适应力

在航空体育教学训练领域，有效运用团队的集体适应能力是改善教学环境和提升教学质量的关键策略。促进飞行学员社会适应的主要途径在于航空体育学习中的集体适应性，同时，一个良好的集体学习氛围也是优化航空体育教学环境的关键因素。飞行员的生活轨迹相对单一，职业特性使得他们除了与行业内的同事交往外，与外界的互动较少。关于社会适应能力，尽管人们普遍认为其难以理解与评估，但通过分析可以发现，如果过度细分，可能会导致人们忽视整体，仅关注细节，如"群体意识""文明行为""进取心"等。因此，必须识别社会适应能力的核心表现，在飞行员的飞行任务中，舰载机的上舰、执行任务、回收及养护等环节构成了一个集体，形成一个相对独立的小社会。

个体对"集体的适应"是至关重要的。实际上，个体对社会适应的诸多方面，主要体现在是否能够融入周遭的集体环境。倘若个体无法将自己融入所处的集体，那么，他们又如何能够适应工作和社会呢？反之，若个体能够融入集体并在其中实现自我价值，那么，他便拥有了良好的社会适应基础。因此，集体在个体与社会之间扮演着桥梁的角色，而集体教育则成为个体社会化过程的重要媒介。基于此，培养个体的社会适应能力，应当

聚焦于集体教育的环节，并在集体教育的层面上细化社会适应的目标。

航空体育学习群体（集体）是一个特殊的群体（集体）形态，既具有一般的集体的因素，又具有更强的计划性、目的性和教育性。因此，它的可设计性、可把握性和教育的可靠性都更强。同时它又是充满着体育教育要素的集体形态。所以体育学习集体是一个绝好的教育环境，对于促进学生的社会适应具有很好的效果。

仅认识到"体育学习集体适应"作为学员与社会适应的交汇点是不够的，还必须深入探索体育教学过程中促进学习集体适应的各个关键环节、具体情景以及它们所呈现的各种表象。此外，还需要找到这些表象与体育教学的目标、内容和方法之间的关键连接点。只有清晰地理解了这些联系，并将它们有效地整合到教学实践中，才能真正实现促进学员社会适应的目标，并将其有效地落实到体育教学的每一个环节。

第二节　航空体育组训体系设计原则

为保证《军事体育训练大纲》落地实施，该体系通过多种前置学科对《大纲》空勤人员训练和考核内容进行深度解析，并总结归纳出保障飞行学员按纲施训的科学方法。

通过对人员训练和考核内容的分析得知，《大纲》中所涉及的动作均是人体多关节绕基本运动轴在多运动平面内进行运动。因此，在日常训练中，人员的训练动作应区别于传统健身方式，即单关节孤立式运动。在航空体育组训体系中，所有训练动作均兼顾多平面、多关节，以及多肌肉群。同时，空勤人员可在线上平台了解必考、必训、选考、选训课目所涉及的肌肉群、环节运动以及由此衍生的不同训练动作和提高方法。在日常生活和军体训练中，人体各部位与器官结构的位置关系不是恒定不变的。为了能正确地描述人体各器官的形态结构和位置，特规定了人体的标准解剖学姿势以及轴、面和方位术语等，以方便在日常训练中对技术动作进行说明和阐释。

通过对专家访谈可知，从航空体育课程的教育属性分析，航空体育组训体系涉及学员、岗位、课程、管理等诸多因素，受这些因素制约，航空体育组训体系设计应包含飞行学员的身心认知、健康理念形成和运动动作技能形成等维度，而各维度之间的关系也较为复杂。为确保航空体育组训体系在运行后发挥质效，应重点考虑、协调处理以下几个原则。

一、全面性原则

就"舰机融合"班次的飞行学员而言，既要完成航海、航空相关专业课程、基础课程的学习，又要结合飞行体能需求完成航空体育课程的学习。所谓全面性原则应包含三层含义：①航空体育组训体系的执行必须面向所有飞行学员，要以《军事体育训练大纲》《院校教学大纲》设置的航空体育涉及的所有课目为内容，不能漏训；②通过创设模拟接近军事飞行实践，富有创新性、挑战性、启发性的训练学习情景，以学员学习兴趣的激发与保持为引导，关注学员个体需求与个体差异，确保学员全时、全员、全课目参与；③组训体系的运行实施不仅包括航空体育训练技术的掌握和训练考核成绩的达标，还需渗透课程思政、岗位教育等人文素养的培养。在总体目标设置层面，要全面考虑航空体育组训体系涉及的知识与技能、过程与方法、情感态度与价值观三个维度，不能有所偏废；还

89

要应在认知过程中，促进学员的情感价值体验，使飞行学员心智得到全面协调发展。

二、安全性原则

飞行学员航空体育训练的安全性是重中之重，无论是生长学员期间，还是飞行期间，必须把安全放在首位。安全问题要警钟长鸣，因为舰载战斗机飞行员的培养是一个系统工程，任何环节放松了安全要求，都会给国家、军队、学院、家庭、学员个人带来极大的损失。因此，航空体育组训体系设计必须从安全入手，紧抓安全关口不放松，确保飞行学员的航空体育学习安全、日常训练、锻炼安全和日常生活安全。

三、系统性原则

航空体育组训体系是一个由多个子系统构成的完整系统。在设计时应整体把握，从系统思维出发。①纵向链路需把握各层次及其联系，即按照"航空体育组训整体目标—各学年阶段目标—设计模块目标—教学与训练实践"顺序展开。这四个层次遵循从一般到特殊、从理论到实践逐级具体化的逻辑，最终形成一个系统性多层次的完整系统。②横向上则要照应各参与要素，在重构时不能只倾向于运动技能领域，从而忽视与健康理论相关知识，应把其放在同等地位，不能厚此薄彼，出现偏差，逐渐融合形成一个合理自洽的运行系统。

四、具体性原则

具体性原则即课程体系目标的指向性需具体明确，在设计时要立足舰载飞行学员的现状，应力求明确、具体，同时还应具有可行性及可操作性。如不清晰明了则会导致组训者及参训者难以理解和实施。因此，设计时应依据两个大纲要求，深入具体分析和处理航空体育教学内容与训练科目，明晰飞行学员的航空体育认知结构，明确其知识、技能、素质及能力的实然与应然，从飞行学员入学开始就做好训前调研工作，从学员的兴趣、习惯及未来行业要求等方面，尽量使组训目标的内容具体化、课程与教学目标精细化，做到可评、可测、可操作、可观察。

五、层次性原则

航空体育组训是一个周期很长的教育过程，应追求循序渐进、层层进步，不应期望刚入校的飞行学员在短时间内就能达成最终目标。在设计时，要全面考虑其层次性。①准确把握航空体育组训长周期内各阶段的层次性，从中找到每学年、每学期、每次训练内容设置的层次，一般遵循从航空体育知识、技能的记忆学习目标到理解与运用，再到情感体验的层次顺序；②飞行学员个体之间在达到训练目标时也存在层次差异性。

六、灵活性原则

受到航空体育教育属性的影响，整个组训活动实际上是一个动态持续发展的过程，但飞行学员个体之间的运动学习基础与能力存在一定的客观差异，因此必须考虑这些差异，设计出富有一定灵活度的课程与教学目标。这里的灵活性表现在两个方面：①对不同能力的飞行学员应该有不同的要求，实现分层次教学组训，包括最高要求、基本要求、符合或超出所提出的目标；②对课程实施预期的目标要留有一定的进步空间，虽然这些目标是教员在课堂教学之前预设的，但教员实施课程教学及训练活动中，在完成基本动作基础上，不要拘泥于既定的目标，还应根据课堂教学具体的情境，实事求是地对预设的目标进行适当的调整和优化。

七、专项性原则

专项性原则即根据舰载战斗岗位任职能力要求和飞行学员未来从业特点，设置与舰载飞行相关的必须从事的飞行体能专项训练，并从中获得专项的技能，以确保学员从业后能够有良好的专项飞行体能基础，确保飞行安全。航空体育专项内容主要包括滚轮、旋梯、荡木等多个项目。在安排这些内容时，要充分考虑到与其他项目的合理搭配，确保在身体体能最佳的状态下安排学员进行航空体育专项练习，确保操作安全，同时要注意学员身体素质的全面发展，做到一般与专项、单一与全面协调发展。

第五章 航空体育训练管理、组织与实施

航空体育训练的管理、组织与实施是管理组训者根据航空体育训练任务，针对受训者、训练实际条件，依据训练原则进行合理安排所采取的措施。它是直接影响航空体育训练质量和成效的重要指标，是实现航空体育训练任务的重要环节，是衡量航空体育训练是否体现组训者和受训者主导与主体关系的因素之一。本章主要介绍航空体育的管理机制、训练的原则与方法，航空体育训练程序，航空体育课的结构，航空体育训练计划制定等内容。

第一节 航空体育组训体系管理运行机制研究

航空体育组训管理运行体系的设计是航空体育组训与人才培养方案契合度与达成度的有机统一，是课程及训练是否符合《院校教学大纲》《军事体育训练大纲》的重要标志，本书中所指航空体育组训管理运行机制设计是指通过对教学质量生成过程的分析，找出组训体系在运行实施过程中的关键控制节点，运用教学训练制度、实施程序、教育规范、课程文化等实施过程控制，从而构建出持续改进与提升的自循环适应系统。

一、航空体育组训管理体系设计思路

（一）航空体育组训设计系统构建应树立"五符合"质量观

所谓五符合即"符合基准、符合岗位、符合规律、符合定位、符合实际"，切实提升培养目标的身心素质，为未来舰载飞行奠定基础，实施"院校—教研室—教员—学员队—飞行学员—部队"六位一体全员全方位参与管理体系，实现课程整体目标及分布目标的达成度。

（二）航空体育组训设计实施应注重全程控制

在课程设计实施的过程中将航空体育组训教学计划、课程实施方案、课程监督检查、课程反馈调整的全程循环控制思想融入航空体育组训实施的各环节，使影响飞行学员培养质量的关键控制节点和关键环节始终处于控制状态，做到课程实施前准备控制、课程实施中质量控制、课程实施后反馈调整控制，实现"教学计划设计、课程方案实施、全程监督检查、实时反馈调整"的良性循环运行机制。

（三）航空体育组训设计实施应突出全员参与

飞行学员身心素质健康发展是航空体育组训培养的根本任务，为适应舰机融合所需身心发展的职业特点，需要航空体育组训实施教员、学员、大队、学院、飞行训练团、任职部队等共同努力和参与，每个参与者都是航空体育组训质量保障体系建设的重要参与者，其中，飞行学员是主体，航空体育教员是主导，培养大队及学院要发挥好领导、指导及服务作用，建立起与飞行训练团、任职部队的有效沟通、衔接、跟踪评判机制，形成自觉自律的飞行学员培养质量文化，从而促进学员、教员、学院范围内的循环持续发展。

二、航空体育组训管理体系设计过程

航空体育组训体系的重构重塑设计实施是确保"舰机融合"模式下舰载战斗机飞行学员身心培养质效的关键环节，是一个融合多学科、多项目、多层次为一体的复杂、综合体系，其受到诸多因素的影响，需要多部门的协同与配合才能高质量达成培养目标。舰载战斗机航空体育的相关研究在我军开展较晚，目前海军院校生长学员阶段仅海军航空大学与海军大连舰艇学院两所院校开展此课程，共同的特点是仅由各军事体育教研室（部门）独立承担与实施管理，这种运行模式缺乏上下联动、横向贯穿，需要多部门协同配合才能高质量完成。

根据体育管理系统构建、胜任绩效管理、教育评价指标构建、质量保障体系等理论，秉持"宽口径、厚基础、全素质"育人理念，尝试构建出包含航空体育组训目标决策、管理实施、内容设置、监督评价、运行保障在内的五个二级体系。

（一）航空体育组训目标决策体系

航空体育组训体系的决策目标是舰载战斗机飞行学员身心健康发展、适应未来舰载飞行的出发点与落脚点。从教育管理的角度分析，组训体系决策目标构成要素应包含航空体育组训体系在人才培养各环节中的整体定位、规划链路周期，目标培养定位、模式培养确定等，是各参与部门分工与协调的汇总，主要解决航空体育组训的培养目标、规格，培养路径、效益参与部门的实施有效性问题，具体如图5.1所示。

图 5.1 航空体育组训目标决策体系

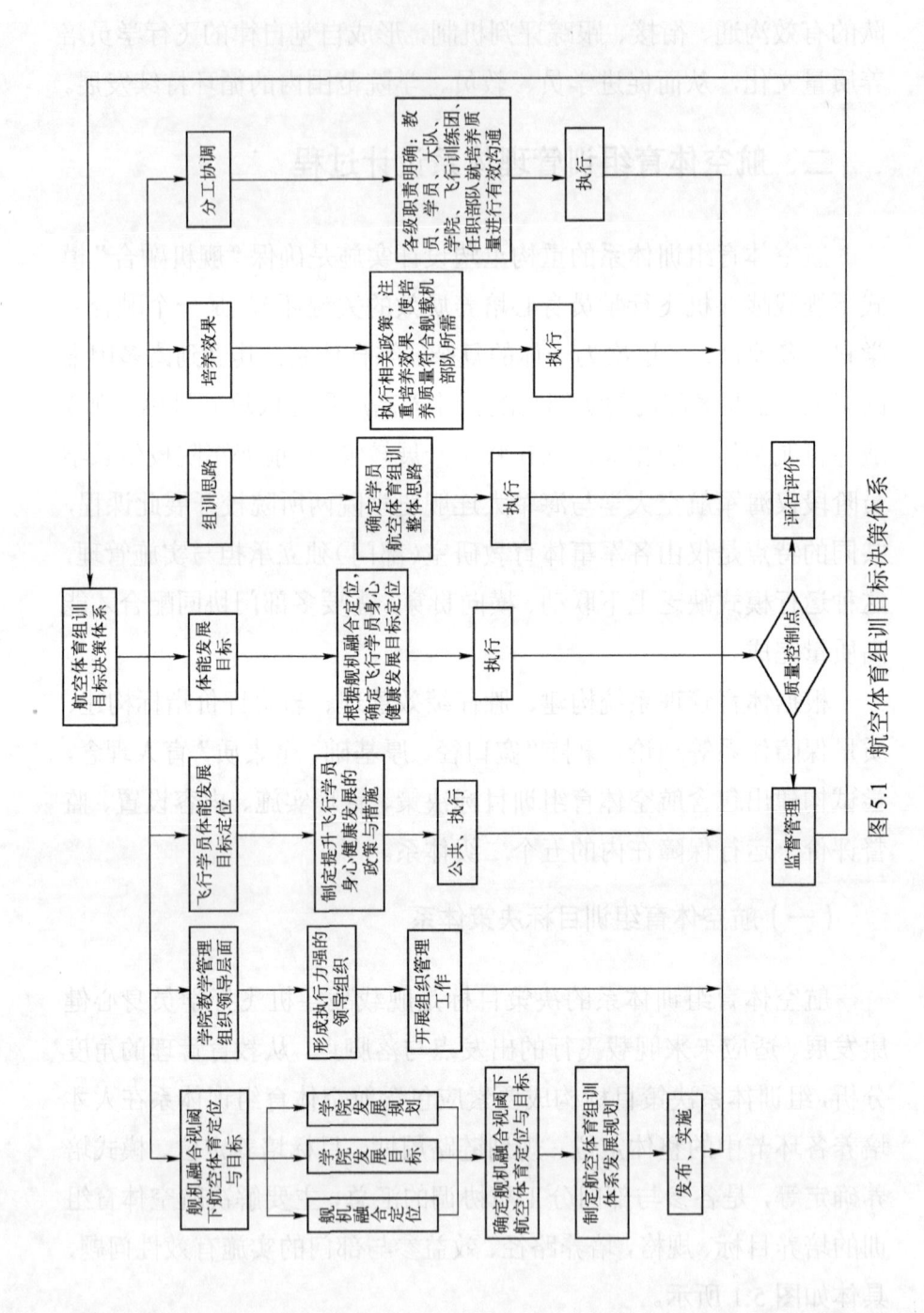

（二）航空体育组训管理实施体系

管理实施体系是指在决策目标体系指导下，对航空体育课程教学的运行及飞行学员身、心、智培养质量的有效管理要素的集合，主要涉及《军队院校教学大纲》《军事体育训练大纲》《专业人才培养方案》《航空体育课程实施计划》和教学基本设施（体育运动场地、航空体育专项器材设备）、日常教育管理、教员教学管理、教学改革与研究、教学成果总结、体育学习效果评定、体能档案管理等要素。该体系主要解决航空体育组训体系科学规范性的问题，具体内容如图 5.2 所示。

（三）航空体育组训内容设置体系

航空体育组训内容设置是实现舰载战斗机飞行学员航空体育组训体系重构重塑的中心环节。该体系的设置应围绕舰载机飞行员所需的"体力、心理、脑力（飞行体能、心理品质、认知能力）"三者充分融合。组训内容以《院校教学大纲》《军事体育训练大纲》为指导，但这两个大纲均不涉及舰载战斗机飞行员这个群体，原教学内容设计较少，重点突出训练，轻视航空体育理论相关内容的设置。

通过走访调研一线舰载飞行部队，找准学员未来从事舰载飞行岗位所需的体能要求，将相关性强、实战化程度高、挑战度高、创新性强的项目进行筛选、精选，经过重新优化组合，最终形成以学员为主体，身、心、智高度融合的完整系统体系。具体实施层面内容设置的构成要素主要包括：①项目组训设置体系；②组训内容实施渠道，包括理论与实践相结合、课内与课外相结合；③组训内容考核体系，包括考核标准、考核方法、考试程序。该体系重点体现其设置的科学性，体系培养、实施途径，考核渠道的多样性、有效性、实用性，组训效果的整体质效，具体内容如图 5.3 所示。

图 5.2 航空体组训管理实施体系

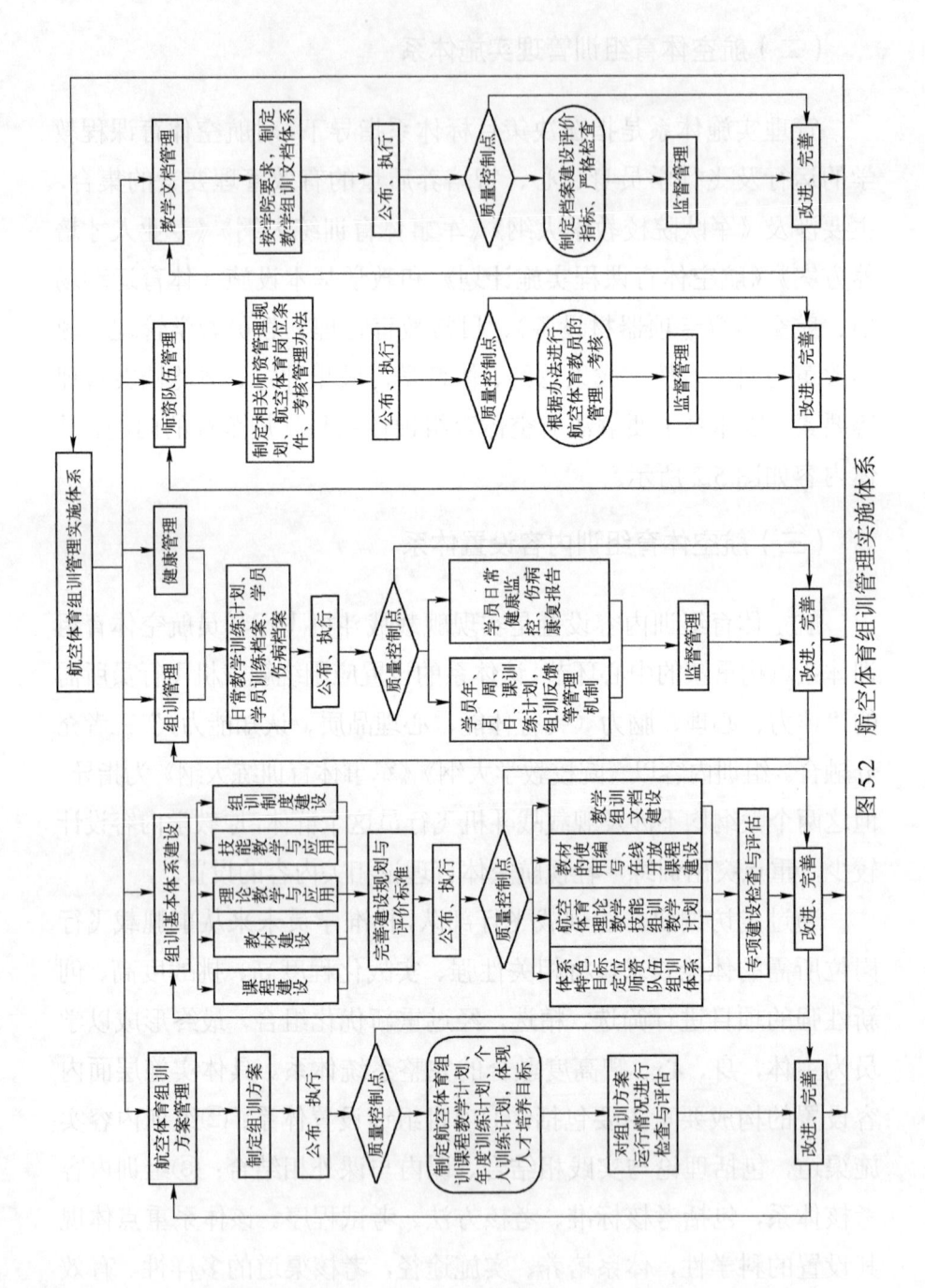

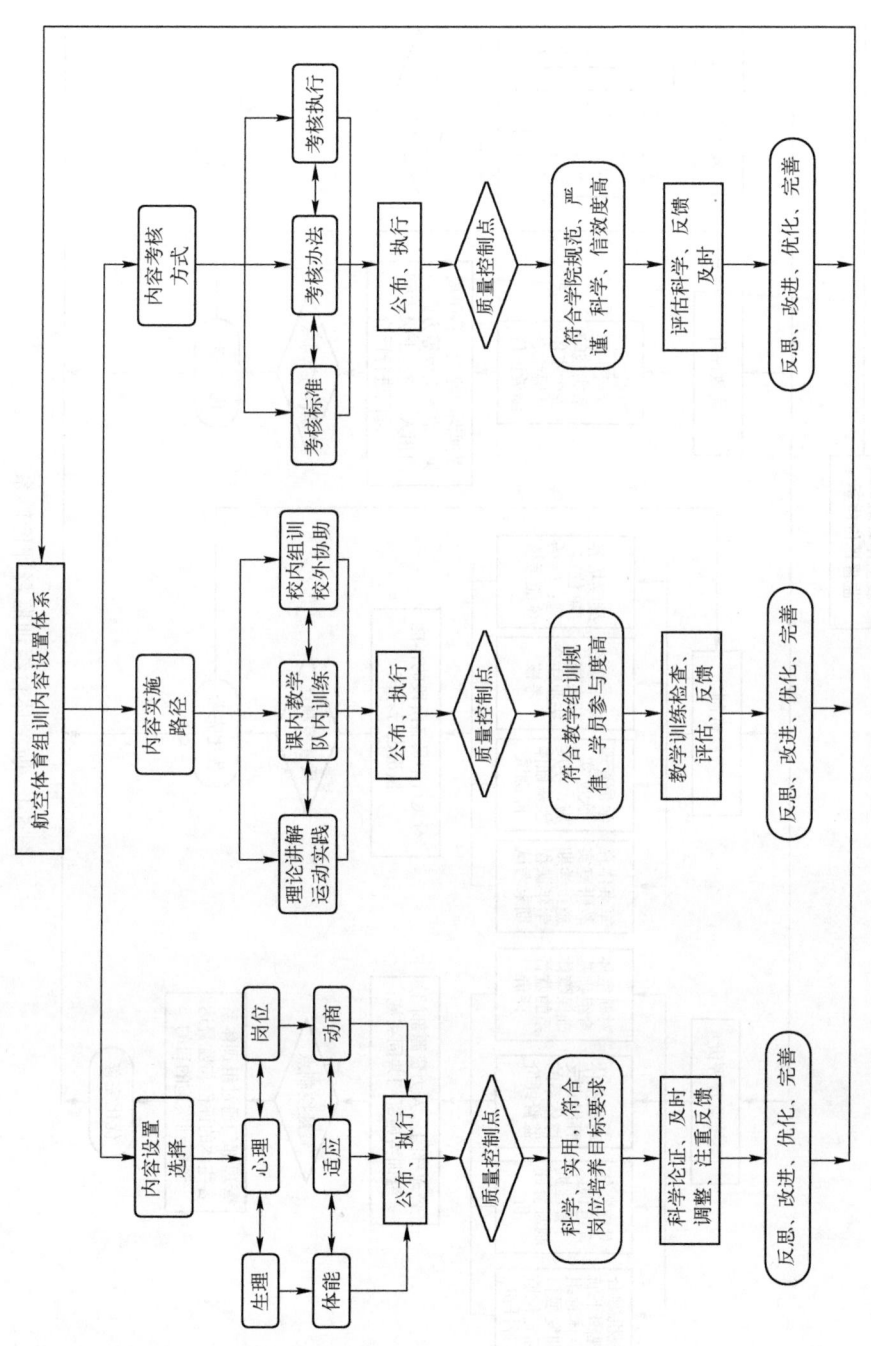

第五章 航空体育训练管理、组织与实施

图 5.3 航空体育组训内容设置体系

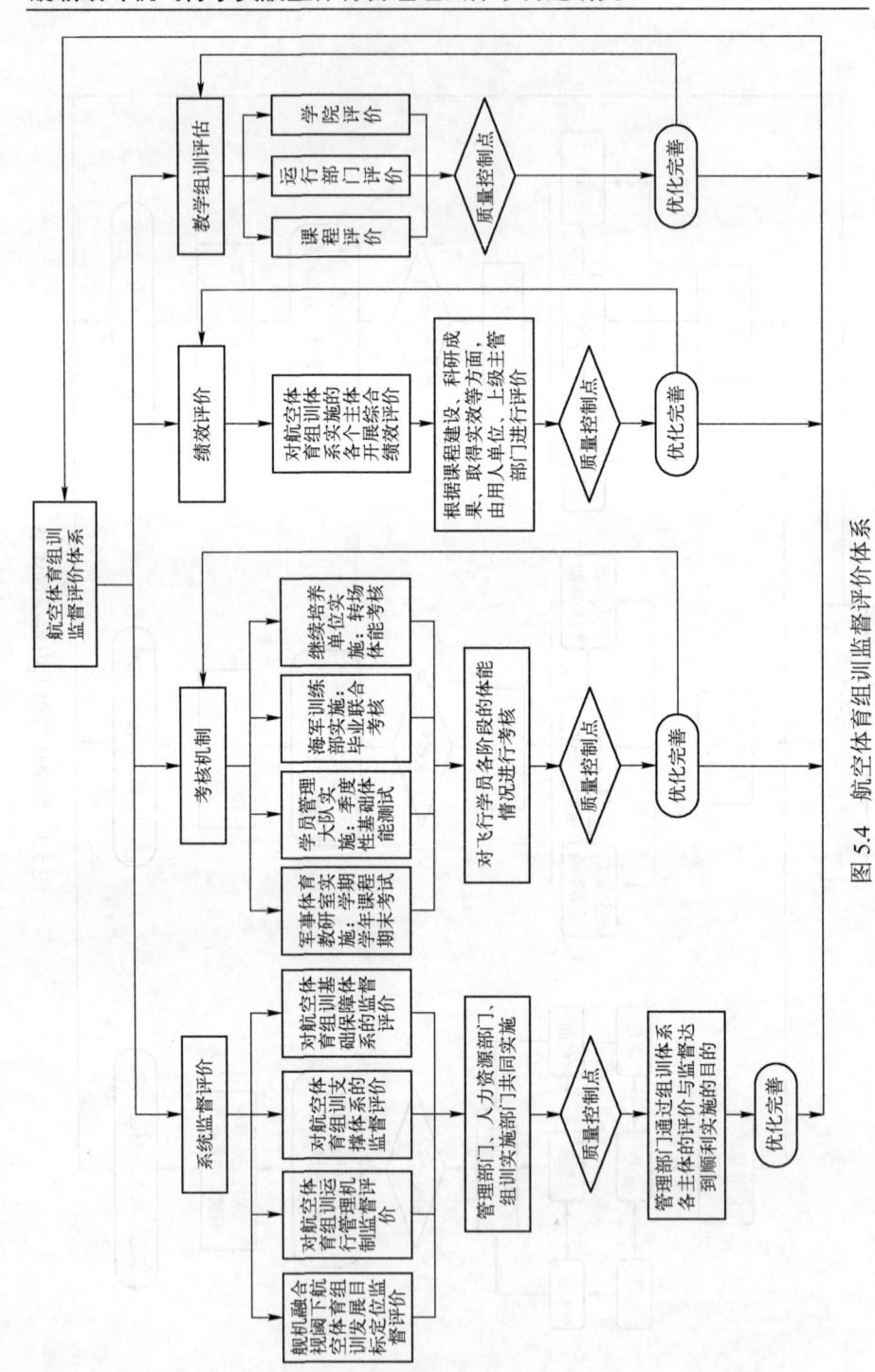

图 5.4 航空体育组训监督评价体系

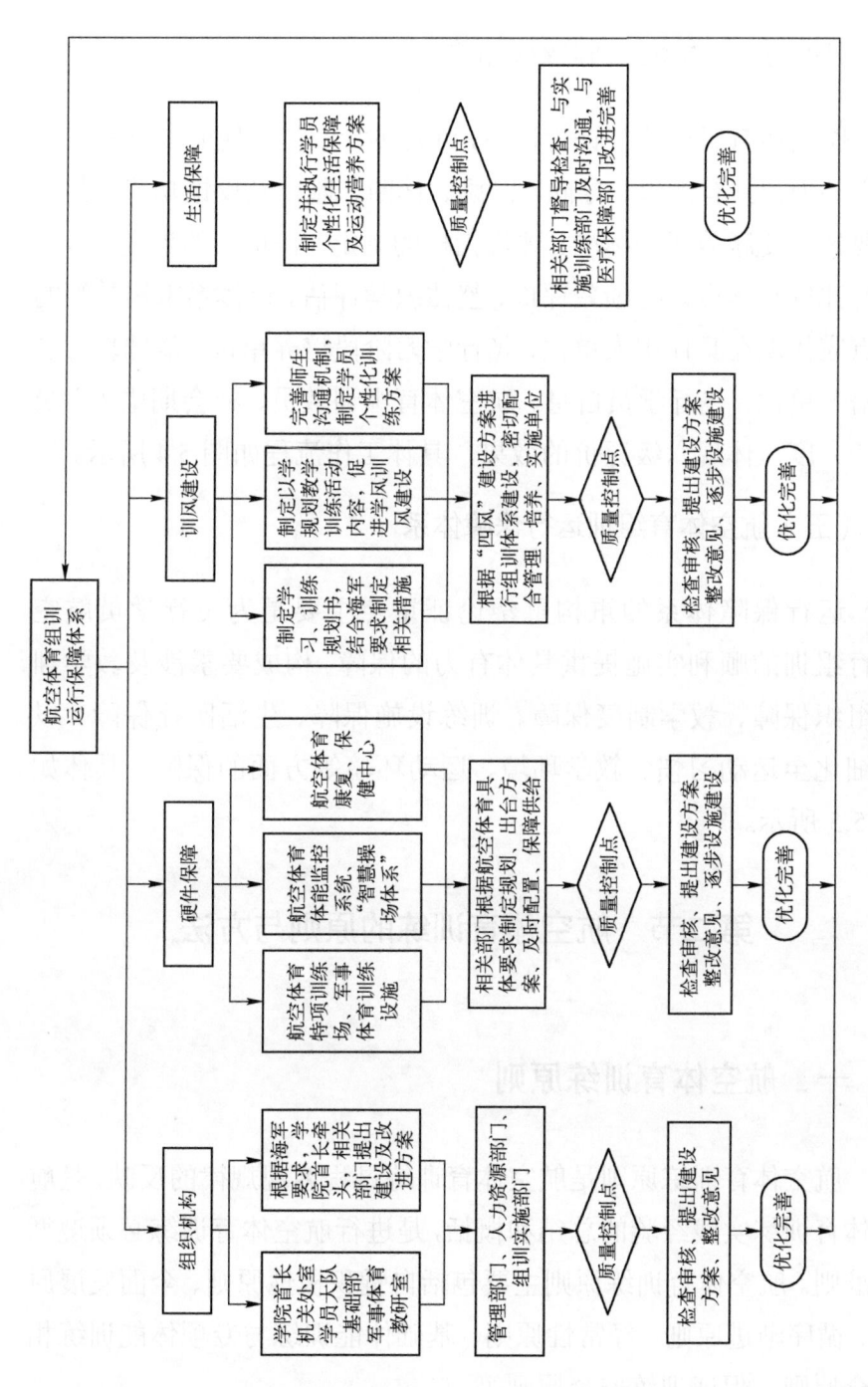

图 5.5 航空体育组训运行保障体系

（四）航空体育组训监督评价体系

航空体育组训监督评价体系，可为飞行学员实现航空体育组训提供动力，具有评价、导向、激励、诊断、监督及反馈功能。其构成要素主要涵盖评价标准、评价指标的制定、评价人的界定、日常监督评价及学员训练绩效评价、整体教学评估。该体系重构重塑的重点应体现在具体用人单位、飞行学习阶段培养单位、基础教育阶段培养单位、飞行学员自身、航空体育组训教员、社会期望（学员家长）度，体现六级评价的效果，具体工作流程如图 5.4 所示。

（五）航空体育组训运行保障体系

运行保障体系的重构重塑论证重点主要是为飞行学员航空体育组训的顺利实施提供具体有力的保障。构成要素涉及教学训练组织保障、教学制度保障、训练设施保障、生活医疗保障，以及细化至运动习惯、教学环境、运动环境等方面的保障。具体如图 5.5 所示。

第二节　航空体育训练的原则与方法

一、航空体育训练原则

航空体育训练原则是航空体育训练过程客观规律的反映，是航空体育训练实践经验的总结和概括，是进行航空体育训练必须遵循的准则。航空体育训练原则主要包括自觉积极性原则、全面发展原则、循序渐进原则、经常性原则、基础体能训练与专项体能训练相结合原则、保证训练安全原则等。

（一）自觉积极性原则

1. 基本概念

自觉积极性原则是指在航空体育训练过程中，使训练者明确训练目的和意义，自觉刻苦地学习和掌握航空体育基本知识、技术和技能，把完成飞行训练任务、夯实体质基础变成自觉的行动。自觉积极性原则的理论依据是：一方面，航空体育训练具有"教"与"学"双边活动的特点。组训者和受训者是相互关联的两个方面，而且训练过程的实施还具有很强的"个人针对性"。因此，在训练过程中，只有组训者主动积极性，没有受训者的自觉性，是不可能顺利完成训练任务的。唯物辩证法指出："外因是变化的条件，内因是变化的根据，外因通过内因而起作用"。组训者的指导及其他保证训练的一切条件都是外因，只有飞行人员自觉积极训练的这个内因发挥作用，才能顺利完成航空体育训练的任务。另一方面，航空体育训练过程中，飞行人员身体要承受较大的运动负荷，要克服巨大的心理压力、体力消耗，以及可能碰到各式各样难以忍受的困难，才能完成训练计划，实现训练目标。任何一名优秀的飞行人员都有着明确的训练目的，并与他们自觉积极创造性的训练是分不开的。

2. 贯彻自觉积极性原则的基本要求

（1）飞行人员要把参与训练和提高战斗力有机地联系起来。充分认识航空体育训练对飞行安全、延长飞行年限、提高战斗力的价值，明确航空体育训练是一个锻炼身体、增强机能、适应空中环境的过程。只有把航空体育训练作为军事飞行生涯中不可缺少的一部分，才能产生明显的效果。

（2）注意训练兴趣的养成。在航空体育训练中，飞行人员的航空体育训练兴趣对激发飞行人员自觉进行训练有着重要的作用。当飞行人员对某一训练项目产生兴趣时，就会心情愉悦地反复练习，不会认为训练是一种沉重的负担，这对完成训练任务、提升训练效果是十分必要的。为形成和提高训练兴趣，可采用灵活多样的训练方法和手段，如采用游戏法、比赛法、循环练习法等。

（3）根据自身的实际情况，提出合理的要求。飞行人员只有在训练中不断实现预期的目标，取得训练成效，获得成功的喜悦，才能不断激发和保持训练的积极性。

（二）全面发展原则

1. 概念

全面发展原则是指在航空体育训练过程中，训练内容的选择和安排要全面多样，使飞行人员身体各个部位、器官系统机能、身体素质和基本活动能力都得到全面提高，促进身心协调健康地发展。全面发展原则的理论依据是：人体是一个有机整体，各器官系统之间的结构和机能是互相联系、相制约的。任何局部功能的改善和提高，必然影响身体其他部位功能的发展变化。各种身体素质和基本活动能力之间也存在互相影响、制约和促进的关系。就某种航空体育手段、教材或方法而言，具有主要发展身体的某一部位或优先发展某一素质的特点。因此，在制订训练计划和进度时，要注意合理穿插搭配各类项目，选择多样的项目内容，运用多种手段和方法，以保证身体得到全面的锻炼。

2. 贯彻全面发展原则的基本要求

（1）要合理选择和搭配训练内容或训练课目。航空体育不同的训练内容和训练课目对训练者的身心影响效果不同，如 3000m 跑主要提高飞行人员的耐力和心血管系统机能，下肢活动较充分，器械练习侧重发展上肢力量和灵活性。因此，在进行不同内容和课目时，要合理搭配一些活动不足部位的练习，如在 3000m 跑后，做单杠引体向上或双杠摆动屈伸等，增强上肢力量，在进行球类、武术后，安排一些耐力性的力量练习等。

（2）要注意训练过程中的机体反应。航空体育训练从外部看是外部肌肉活动组成的动作，而实际上是由身体各组织器官和系统相互配合、共同完成的。训练中，不仅要注意动作练习的准确、有效，而且要注意体内组织器官和系统的反应，及时发现问题加以调整。如呼吸过于急促、胸部胀闷有窒息感就要考虑调整训练强度或练习节奏。脉搏可以反映心血管机能状况，经常注意脉搏变化，就可了解循环系统反应。训练后经过较长时间休息，脉搏频率仍明显高于或低于常态指标，就应分析训练负荷的安排是否适宜。

同时，在航空体育训练过程中还要注意避免因不合理的安排而导致内脏器官损害。例如，为保护人体心血管系统，在训练强度较大的激烈运动后，不能因机体疲劳而马上中止、休息，应进行一些放松整理活动；训练中由于体温升高和出汗会出现口渴现象，但不能在训练间歇或训练刚结束就大量饮水，否则会增加心血管系统负担。

（3）训练过程中要做到身体与心理协调一致发展。人是身心合一的统一体，航空体育训练过程也是"形""神"合练的过程，身体、动作是"形"，而精神、心理是"神"。形神一致就是要求训练中要意念专注、精神集中，使思想与动作紧密配合。如航空体育"拳术"训练中就要求"意动身随""劲力包蓄于内，而不露于形表"。这样不但可以提高身体的训练效果，而且能促进心理素质的发展。

（三）循序渐进原则

1. 概念

循序渐进原则是指航空体育训练时，结合个人实际情况，安排训练内容、方法及运动负荷顺序，按照由易到难、由简到繁，逐步深化提高，使飞行人员机体功能不断改善，系统地掌握基础知识、技术、技能和科学的锻炼方法。

循序渐进原则的理论依据是：人认识客观事物是一个由简到繁、由低级到高级、由直观到抽象的"循序"过程，不可能一步就到达对事物本质的认识，航空体育训练也是一样，动作形成的阶段性变化受人体生理机能的制约，受条件反射和分析、综合的逻辑思维规律的支配，这样就决定了掌握动作也是一个由简单到复杂的渐进过程。

2. 贯彻循序渐进原则的基本要求

人体机能的提高是一个缓慢的由量变积累到质变的过程。因此，进行航空体育训练不能急于求成。

（1）训练内容的循序渐进。在训练内容上，要根据自身情况和体质不同进行选择，练习内容由简到繁，在技术动作要求上应由易到难，在节奏上先缓后快，逐步增加难度，开始训练时可以选择慢跑、徒手操、游戏等一些较缓和的项目，随着身体不断适应，训练内容逐步增加一些较为剧烈的运动。

（2）运动量的循序渐进。进行体育训练时，如果运动量长时间停留在一个水平上，肌体在不断适应，其反应就越来越小。身体机能的提高是按照"刺激—适应—再刺激—再适应"的规律进行的，进行体育训练时也应遵循这个规律，只有适宜的运动强度、持续时间和频率，才能达到能量消耗和恢复过程的超量补偿，从而更快更好地发展体能，提高身体素质。

（四）经常性原则

1. 概念

经常性原则是指航空体育训练必须持之以恒，保持经常性，使所学的航空体育知识、技术和技能不断地得到巩固和提高，达到增强体质的目的。经常性原则的理论依据是航空体育训练的效果并非一劳永逸。航空体育训练的直接作用是促进体内异化作用加强，继而使同化作用加强，加快体内物质的合成，从而使机体内部的物质得到补充、增强和积累。这个变化的重要条件在于，必须使航空体育训练的时间、强度、次数保持对身体内部刺激的衔接性和连续性。如间隔过长、中断过久，已获得的效果就会消退以至消失。体强者如认识到自己身体好，满足现状不继续训练，体质就会由强变弱；体弱者如认识到自己身体弱，自觉坚持训练，就能转弱为强。强健的体魄和较强的身体活动技能绝非一朝一夕所能得到的，也不是靠一两次训练就可以一劳永逸的，只有量的积累，才能发生质的变化。

2. 贯彻经常性原则的基本要求

（1）一旦开展训练，并对身体产生良好影响，就应自觉地坚持下去，训练的内容和课目可以更换，但训练不能停止。

（2）经常开展航空体育训练，还要讲究制订合理的安排和训练计划，如每周训练 3 次，或每周训练 5 次等，只要不长时间地停止训练，就能保持训练效果。

（3）因气候条件不能在室外进行训练时，可改在室内进行，即使暂时变换训练内容，对训练效果也不会有太大影响。因学习或其他训练繁忙，而不能按原计划进行航空体育训练的飞行人员，可充分利用一些课间或业余零散时间开展训练，一天进行几次短时间的训练活动同样能取得较好的训练效果。

（五）基础体能训练与专项体能训练相结合原则

1. 概念

基础体能训练与专项体能训练相结合原则是指在航空体育训练过程中，根据训练项目的特点、训练者的水平和不同阶段的训练任务，适当地安排两者的训练比例。基础体能训练是指在航空体育训练过程中，以多样的身体练习、训练方法、手段，全面提高飞行人员各器官系统的机能及运动素质，改善身体形态和心理品质，掌握一些非专项技术和理论知识的训练。基础体能训练内容和方法手段是比较丰富的，其主要目的在于按照专项能力素质的需要，提高飞行人员的专项运动素质、技战术，以及心理品质，为空军战斗力生成打好坚实的身体素质基础。

专项体能训练是指在航空体育训练过程中，以专项训练项目和与之相近的训练项目为基本手段，重点提高飞行人员军事航空飞行所需要的各器官系统的机能水平、身体素质和心理品质，掌握专项训练项目的理论知识和技能。专项训练的内容指向性明确，方法手段相对独立，针对性强。

基础体能训练与专项体能训练相结合原则的理论依据是：在航空体育训练中，有机体各器官系统之间是紧密联系、相互影响的，在训练过程中运动负荷给有机体带来的刺激，使各器官系统产生的适应性变化也是相互联系、互为影响的。训练成效有赖于机体机能的全面改善和提高，而任何一种专项运动本身对身体各器官系统机能的影响，都在不同程度上有一定的局限性。进行基础体能训练应采取多种多样的训练内容和手段，这样可以补充专项体能训练的不足，为军事航空飞行作战训练打下良好的基础。航空体育专项体能训练的内容和手段主要是使人体生理机能满足军事航空飞行作战训练需要而设置的各种特定项目。只进行这些专项训练容易造成机体局部负担过重、枯燥乏味和中枢神经系统的疲劳。专项体能训练的目的在于提高飞行人员飞行所需要的各项身体素质和机能，只有进行专项体能训练，才能圆满完成作战训练任务，实现"人机合一"。专项体能训练与基础体能训练关系是相互依存、相互促进的。

2. 贯彻基础体能训练与专项体能训练相结合原则的基本要求

（1）要重视基础体能训练。在飞行基础阶段安排基础体能训练的内容尤为重要。特别是那些体能类和技能类同场对抗性项目的训练，要通过基础体能训练打好基础，为专项体能训练做好充分的准备。忽视基础体能训练，基础就不牢固，会直接影响未来的发展。军事职业飞行人员训练，要持续保持战斗力，延长飞行年限，需要适当安排基础体能训练，以巩固机体各器官系统机能的水平，保证身体素质状态良好，为增强专项体能素质打好基础。

（2）合理地确定基础体能训练与专项体能训练的比重。合理地确定训练比重，就是要根据飞行人员的个体差异、训练项目特点和不同阶段的任务，科学地安排基础体能训练与专项体能训练的比重。通常情况下，飞行人员参加航空体育训练的初始阶段，由于年龄小，训练水平较低，应加大基础体能训练的比重；军事职业飞行人员，由于训练水平较高，应减小基础体能训练的比重。就项目特点而言，需要消耗较大体能的项目，体能基础训练的比重较大；而技术含量高、动作较复杂的技能类项目，要加大专项体能训练的比重；另外，有些身体练习本身就要求机能和素质全面，技术动作也比较多，如全身运动五项等项目，也应适当加大专项体能训练的比重，还可以直接通过专项体能训练促进其全面发展。在具体确定二者的比重时，要从上述各方面通盘考虑，全面分析，并随着训练实践的发展、情况的变化，适时地加以调整。

（3）基础体能训练的内容和手段要符合专项需要。通过基础体能训练，全面打好飞行人员的机体机能和身体素质基础。基础体能训练的目的是提高专项体能水平，基础体能训练内容和手段要符合专项需要。选择基础体能训练内容和手段有助于专项能力的提高。例如，在进行速度、力量类项目的基础体能训练时，要发展爆发力，就应多选用动作速度快、爆发性强、中等负荷的练习项目；在进行有氧耐力训练时，发展一般耐力，应选择既能发展一般耐力，又能提高专项耐力的训练项目；在进行器械体操、全身运动五项、球类等对协调性要求高的项目训练时，应较多地采用能发展协调性和柔韧性的项目训练，以及有利于促进掌握专项技术的训练。

（4）专项体能训练内容要与飞行需求相结合。专项体能训练对机体各器官系统的机能和飞行的要求程度是不一样的，确定各专项体能训练应具有针对性、实效性。

（六）保证训练安全原则

1. 概念

保证训练安全原则是指航空体育训练应遵循科学训练的基本要求，选择合理的训练方法和手段，科学安排训练计划，以保证训练过程不出现运动损伤和安全性事故。如果违反科学规律，进行不合理的训练，不仅对训练者的身心健康不利，反而对其造成身心伤害，甚至会引起运动性损伤和运动性疾病。保证安全是航空体育训练中训练双方都应高度重视的工作，只有在确保安全的前提下，才能发挥航空体育训练增强飞行人员体质，延长飞行年限，更好地为提高航空兵部队提高战斗力服务的作用。如果在训练中忽视安全工作，不积极采取相应的措施，就可能发生安全事故，使训练人员发生身体损伤。一旦发生身体损伤不仅会使参训人员不能参加正常的训练，甚至影响飞行训练与作战任务的完成，严重者可造成身体残疾，甚至死亡。

2. 贯彻保证训练安全原则的基本要求

（1）检查场地器械，按规律施训。训练环境、场地、器材等要做到设施条件齐备，无安全隐患；要根据环境、场地的自然条件安排适宜的训练内容，根据训练者的实际情况选择训练负荷的大小；

要做好准备活动，当各器官系统机能进入活动状态后，再进行较剧烈的运动；训练结束后要做整理活动。

（2）全身心投入训练。在航空体育训练中注意力要集中，一些具有危险性的课目训练，稍不注意，就可能出现训练损伤。

（3）重视技能的训练和掌握。航空体育的大部分课目都有技能上的要求（如游泳、体操），训练者必须掌握一定水平的航空体育技能，才能进行安全的训练。

（4）加强帮助与保护，学会自我保护。训练中加强保护与帮助可增强练习者的信心，避免意外事故的发生。尤其在体操、专门器械体操等项目训练中，动作比较复杂、幅度大，容易出现错误而受伤，对初学者或学习新动作时，应在有人保护的情况下进行。保护者除要具备熟练的保护技巧和正确的保护位置外，还要具有高度的责任心。

为确保训练安全，避免意外情况造成严重损伤，受训者还应学会自我保护。如摔倒时立刻屈肘、低头、团身，以肩、背着地顺势滚翻，而不要直臂撑地，以防手腕部或前臂骨折脱位等损伤；从高处跳下时，用前脚掌着地并屈膝，以增加缓冲作用，也能减少或避免某些损伤。

二、航空体育训练的主要方法

航空体育的训练方法是指在航空体育训练过程中完成航空体育训练任务所采取的途径、手段和方式。航空体育的训练方法要根据训练目标和任务、要求、内容、对象特点，以及其他具体条件来确定。正确地运用训练方法，对航空体育的训练效果具有重要的意义。航空体育训练方法主要包括重复法、变换法、间歇法、循环法、比赛法、游戏法。

（一）重复法

重复法是指在相对固定的条件下，根据练习任务的需要，反复进行练习的方法。重复法的作用：一是通过反复练习，掌握动作技能，并不断巩固与提高；二是促进机体能量物质的超量恢复，使身体机能得到提高。运用重复法要严格按照技术要求反复练习，并注重纠正错误，防止形成错误的动力定型。在练习的数量、强度、密度等方面应提出较高的要求，使训练负荷控制在最佳值范围内，不断提高训练水平。

（二）变换法

变换法是指在不断变换的条件下，进行练习的方法。变换法能提高练习的兴趣和积极性，推迟疲劳的产生，能有效地提高身体的灵活性和适应性。运用变换法要有明确的目的，要根据内容特点和实际情况，有针对性地运用。当用于初始学习基本技术时，应降低对练习的要求，改变练习器械的高度，投掷物的重量，练习的强度，动作的速度、频率和幅度，使受训者在不太困难的条件下体会动作的要领和方法；当用于巩固提高技术时，应提出更高的要求，在较困难的条件下保持技术上的正确性和熟练性；当用于身体训练时，为了提高缺氧耐力，在周期性项目训练中，主要应变换练习速度。为了提高身体的灵敏协调、反应迅速能力，应多改变动作的组合和练习的条件。运用变换法进行训练，应做到循序渐进，逐步提高。

（三）间歇法

间歇法是指对多次练习时的间歇时间做出严格规定，使机体处于不完全恢复状态，反复进行练习的训练方法。间歇法由于严格控制休息时间，在机体还没有完全恢复时，就进行下一次练习，所以能有效提高心血管系统的功能。间歇法由每次练习的距离或时间、重复次数和组数、负荷强度、间歇时间及休息方式五个要素组成。这五个要素的变化组合，可以构成许多训练方案。训练中，应根据具体任务，从调整五个因素入手进行设计。如在周期性项目中，要发展耐力，应采用长距离、小强度的训练方式；要发展速度，应采用短距离、大强度的训练方式；要发展力量耐力，应采用重量轻、强度不大、练习次数较多的训练方式；要发展绝对力量和爆发力，应采用大强度、多次数的训练方式。间歇训练法每次练习的时间不长，每次练习的负荷强度可以根据训练的目的、所要解决的问题进行安排和调整，既可以达到或超过比赛强度，也可以是小强度。大强度的负荷，心率可达 180 次/min 以上；较小强度的负荷，心率可达 120~140 次/min。由于每次练习安排的负荷强度不同，也可将间歇训练方法分成两种不同的类型：一是大强度的训练法（也称为强化间歇训练法）。在周期性项目中用大强度间歇训练法，负荷可达本人最大强度的 90%以上，每次负荷的练习时间相对较短。这种方法对提高无氧供能能力、发展速度和速度耐力有很大的作用。二是小强度间歇训练法（也称为非强化间歇训练法）。在周期性项目中用小强度间歇训练法，负荷可达本人最大强度的 80%或略小一些。

（四）循环法

循环法是指根据训练需要，选择若干练习或动作，分设相应练习点，要求在每一个练习点上按规定的负荷指标重复进行一定次数的运动。它是一种综合训练方法，其特点是能有效地增大课程的练习密度和运动负荷，全面锻炼身体。使用循环练习法，可以避免单调刺激，调动训练的积极性，延缓疲劳的出现。运用循环法主要是为了发展运动能力，增强体质。在没有完全掌握动作的情况下，不宜采用此法。循环法的内容应简单、多样，在练习顺序上，应将不同性质的练习交替进行，避免身体局部负担过重。循环数量要根据身体承受能力而定，一般采用极限量的 1/2～2/3。运动负荷由小到大,练习次数逐渐增加。各点之间没有休息,每巡回一轮后,应适当休息。每节课可巡回若干次。练习质量应严格要求,不能为了追求速度、数量而忽视质量。要严密组织,根据人数、性别和场地器材情况,分组练习。

（五）比赛法

比赛法是用对抗的形式组织训练的方法。常用的比赛法有游戏比赛、教学比赛和体育测验等。比赛法具有竞争对抗因素,情绪高涨能促使受训者最大限度地发挥机体能力,有效地提高身体素质,提高运动能力,培养勇敢、顽强、坚毅、果断的优良品质和团队精神。运用比赛法应在掌握某些基本技术和战术的基础上进行。比赛前要充分做好准备活动,严密组织,科学施训,严格遵守规则,注意安全,比赛后做好放松整理活动。

（六）游戏法

游戏法是采用游戏的方式组织训练的方法,是参训者在规则允许范围内,充分发挥个人的主动性,有效地增强体能、发展智力,创造性地掌握航空体育知识、技术与技能的训练方法。

以上几种航空体育的训练方法,都是相互联系的,不能单独运用其中一种方法。运用上述训练法时,应合理组合教学内容,科学施训,体现出教中有训、训中有教。同时应根据训练的需要和参训者的个体差异,灵活地运用各种方法。航空体育的训练方法是丰富多样的,随着实践经验的积累和教学设备的改进,必将创造出更有效的训练方法。

运用航空体育训练法时,应注意以下问题。

（1）每次训练时应有明确的目的和要求。

（2）要提高训练者练习的积极性。

（3）采用变换条件和环境的练习法进行练习时,所选用的条件和环境必须符合项目技术所要求的特点，不能无限地增加条件或选择与掌握这一项目技术无关的环境。

（4）采用练习法时，练习的组次、间隔时间等，应科学合理，不能长时间进行同一项高强度的练习，否则会造成身体局部疲劳，也会使训练单调、枯燥。

（5）采用游戏与比赛法时，根据内容制定规则。游戏和比赛的目的是有效地完成训练任务，因此游戏的选择必须与训练的主要内容有紧密联系，而且要考虑到训练的效果、规则的制定，从而保证技术规范和游戏与比赛的顺序进行。在游戏和比赛中允许训练者在规则规定的范围内进行创造性的活动，在训练中可根据具体的情况和要求，改进内容和规则，提高训练者的兴趣，增强游戏和比赛的作用，达到提高训练效果的目的。

第三节　航空体育训练的组织程序

航空体育训练程序是规范航空体育教学训练科学化的手段和依据，包括航空体育训练流程、组织形式和课程结构。

一、航空体育训练流程

飞行学员学历教育执行的是"4+1"学制教育训练流程，可以划分为学历教育阶段和任职教育阶段。其中航空体育教学（训练）贯穿全期。按照航空体育训练及转校考核要求，主要划分为以下几个阶段。

（一）学历教育阶段

1. 基础教育训练阶段

基础教育训练阶段为期2年，其中包括6周入伍军政基础强化训练和航空体育课程教学。主要完成基础力量、速度、耐力、灵敏、柔韧等身体素质训练，掌握相关基本技术和训练方法，养成锻炼习惯。达到由一名普通学生向一名合格军人转变的体能要求，考核标准按《中国人民解放军院校教学大纲》基础体能入伍阶段标准执行。此阶段主要完成全部航空体育课程教育内容，包括航空体育理论、基础体能、专项体能、长期运动技能的学习训练。重点增强飞行员必须具备的五种身体能力及提升心理素质水平，为顺利转入下一阶段学习奠定基础。

2. 航理教育训练阶段

航理教育训练阶段为期1.5年。航空体育主要任务是围绕飞行需求，进一步夯实基础体能和专项体能水平，加厚基础，重点提高空间定向能力、抗荷能力、飞行耐力，巩固和提高训练效果。

3. 初教机训练阶段

初教机训练阶段为期0.5年。航空体育主要任务是紧密结合初教机飞行阶段体能需求特点，有针对性地保持、提高专项体能训练水平，为高教机体能需求打下良好基础。

（二）任职教育阶段

任职教育阶段为期1年。航空体育主要任务是紧密结合飞行阶段体能需求特点，采取基础体能训练、专项体能训练及个人长期运动技能训练等多种形式，有针对性地保持、提高空间定向能力、抗荷能力、飞行耐力等，为适应飞行部队实践训练打下良好身体基础。

二、航空体育训练的组织形式

航空体育训练的组织形式主要包括航空体育课程教学、课外体育活动、课余训练、暑期强化训练、阶段达标考核和航空体育比武、竞赛等，它们构成了航空体育教学与训练的整体，其主要目的是为飞行人员参加军事航空飞行作战训练夯实体质基础。除此之外，应从实际出发，充分利用各种方式，积极开展各项航空体育活动。

（一）航空体育课

航空体育课是舰载机飞行学员必修的基础课程之一，是伴随其军事职业飞行生涯的一门课程，主要通过实践教学环节，使学员掌握健康生活所需的基础知识、基本技能和方法；夯实从事军事航空飞行所必需的体能；形成敢于迎接挑战的积极态度和良好的心理品质；养成自主锻炼习惯，为军事飞行职业打下良好身心素质基础，是实现航空体育目的的基本组织形式。航空体育课是教与学的双边活动，教学中应贯彻现代教育理论的原则和方法，充分发挥教员的主导作用和学员的主体作用。

航空体育课按课程内容，可分为理论课和实践课。理论课的组织形式是课堂教学，主要解决为什么练、练什么、练到什么程度、怎么练的问题；实践课根据教学任务，可分为新授课、复习课、综合课和考核课等类型，航空兵部队航空体育课的类型以复习课为主。

（二）体育活动

体育活动是航空体育课的延续和补充，它包括早操、课间操、正课体育活动和课余体育活动，是实现航空体育目的的重要组织形式。开展航空体育活动应当从实际情况出发，在以航空体育基础体能内容训练为主要内容的基础上，因人、因时、因地制宜地开展多种多样的航空体育活动，这对巩固和提高航空体育课程的教学效果、增强学员体质、提高科学文化和专业理论学习质量、丰富校园生活、增强集体凝聚力、促进航空体育文化建设等方面都会起到良好的促进作用。体育活动主要有以下形式。

1. 早操

利用早操时间进行航空体育活动是我军的传统，军校学员都应参加。每周早操可安排 2～3 次航空体育活动。早操的运动负荷不宜过大，以锻炼身体、振作精神为目的。早操的实施，通常以学员旅（队）为单位，由旅（队）领导组织实施。航空体育训练的要求，应根据院校的特点和条件、季节气候的变化、学员的喜爱等选择安排早操的内容。以跑步、力量训练、徒手操、拳术及其他体能素质训练项目为宜，应有选择、有重点地交替进行。

2. 课间操

课间操是课堂教学中间休息时进行的体育活动，它以散步、广播体操、拳术等内容为主。课间操的意义在于活动躯体，进行积极性休息，消除上课时静坐的精神疲劳，适时地转移大脑的优势兴奋中枢，为下一堂课的学习注入更充沛的精力。

3. 正课体育活动

上级规定，应"每天安排 1.5h 军事基本技能和军事体育训练"。正课体育活动是军校学员有组织或自主进行身体练习的活动。一般安排在第 7、8 节课进行。正课体育活动以《军队院校教学大纲》《军事体育训练大纲》为依据进行，如健身健美操、组合器械、拳术、球类运动、游泳、越野跑等。正课体育活动应从实际情况出发，做到因人、因地、因时制宜，小型多样，生动活泼。正课体育活动应由队干部、学员骨干组织，或由体育教员指导，科学系统地开展航空体育训练。

4. 课余体育活动

课余体育（体育社团、俱乐部）活动是指利用课余时间，对部分身体素质较好并有体育专长的学员进行系统训练的一种专门教育过程，它也是实现航空体育目的的重要组织形式，开展课余体育（体育社团、俱乐部）活动是贯彻普及和提高相结合的重要措施。

一方面可以把有体育才能的学员组织起来,在实施全面训练增强体质的基础上,进行专项训练,提高运动技术水平,创造优异成绩,如参加校际和军内外比赛,为校、为军争光,并可为优秀运动队培养后备人才;另一方面可培养航空体育骨干,推动体育活动的蓬勃开展,并在训练和比赛过程中,使更多的人群参与航空体育活动,丰富课余文化生活,促进校园文化建设。

(三)暑期强化训练

暑期强化训练一般安排在暑期集中训练,航空体育在暑期强化训练中占有很大的比重,其中基础体能训练是主要内容,同时可安排航空体育的理论教学,也可根据院校的实际情况,开展游泳、拳术和通过障碍等技能类的训练科目。由于暑期气温较高,在航空体育的教学训练中,应科学组织、合理安排训练的运动量和强度。同时,由于强化训练相对集中,身体负荷较大,应注意学员的合理膳食与训练中水、盐、维生素的补充,避免中暑。

(四)航空体育竞赛

航空体育竞赛是航空体育的组成部分,也是实现航空体育目的的重要组织形式。开展航空体育竞赛,对于检验航空体育教学和训练效果,交流经验,互相学习,促进运动技术水平的提高,对于广泛吸引学员参加体育活动,推动军校体育活动的开展,增强体质,增进才智,对于丰富学员课余文化生活,开展宣传教育,增强体育健身意识、培养勇敢顽强、奋发向上、团结友爱、遵纪守法等优良品质和集体主义精神,促进校园文化建设等方面都有重要的作用。航空体育竞赛以田径运动会为主,包括单项"比武""对抗赛"等。此外,为了开展航空体育宣传,扩大航空体育视野,丰富文化娱乐生活,推动航空体育开展,也可以根据实际出发,采用表演赛、友谊赛、邀请赛等形式，组织校内、外较高水平的运动队进行比赛和表演观摩。

三、航空体育课程结构

课程结构是指课程的组织形式，它是体育训练和体育教学法规律的反映。课的结构一般包括准备部分、基本部分和结束部分。

（一）准备部分

准备部分包括部分课堂常规和准备活动。部分课堂常规主要包括教员接受队伍，下达课目，说明教学目的、内容与要求等。准备活动包括一般性准备活动和专门性准备活动。一般性准备活动主要是全面活动身体，提高大脑皮层的兴奋性，克服生理上的惰性，使身体各器官、各系统迅速进入工作状态；专门性准备活动主要是有针对性地选择一些与教学内容相关的辅助练习或诱导练习，为学习教学内容做好身体和技术上的准备。准备活动一般采用集体形式，由教员或学员领做，要求动作准确，整齐一致。准备活动的时间一般为一个学时课 10min，两个学时课 15～20min。

（二）基本部分

基本部分是课程的主体部分，是教员传授体育知识和技能、受训者反复练习增强体质的过程。基本部分的组织实施应注意以下几点。

（1）合理安排教学内容的顺序。从认识规律的特点看，一般应把新内容和较复杂的练习放在基本部分的前半段，便于受训者精力充沛地完成这些练习。对于容易引起高度兴奋的练习，一般应放在后面，以免受训者过度兴奋，影响其他内容的学习。从人体生理机能活动规律来看，应把发展速度和灵敏素质的练习放在前面，把发展力量和耐力的练习放在后面。不同身体部位的练习,应交替进行。

(2)注意教学内容的衔接。从一个项目转移到另一个项目时,应做些转移性练习。特别是在进行高强度的复杂练习之前,应补充做些准备活动,使身体适应练习的要求。

(3)组织形式要灵活。根据受训者人数、内容特点和场地器材条件,采用集体或分组的形式进行练习。分组练习时,可采用分组轮换和分组不轮换的方式。基本部分的时间一般为一个学时课30min,两个学时课70～75min。

(三)结束部分

结束部分是教学活动的结尾部分,包括放松活动、操课讲评、布置作业、预告下次课程内容等。通过放松活动,降低大脑的兴奋性,放松肌肉,使学员身体逐渐恢复到相对安静状态。活动内容可根据最后一项基本内容的特点,选择一些逐渐降低运动负荷的练习。如轻松自然地走步,徒手放松练习等。结束部分一般采用集体形式进行。结束部分的时间一般为一个学时课5min,两个学时课5～10min。

四、航空体育课的组织实施

体育课是教与学的双边活动。从教员方面讲,体育课是在教员组织指挥下传授知识技能的过程,也就是课堂的组织实施过程。体育课教学的组织实施包括课堂常规和分组教学。

(一)课堂常规

课堂常规是为了保证体育教学与训练的正常进行,对教员和受训者提出的一系列基本要求,是教学管理的一项工作。实施课堂常规,不仅是建立正常教学程序的需要,也是贯彻严格训练、严格要求的重要内容，它分为课前常规、课中常规和课后常规三个方面。

（1）课前常规包括：①培训体育骨干，按照教员要求准备训练器材，布置训练场地，按规定着装；②教员提前5～10min到操场，检查场地、器材。

（2）课中常规包括：①带队进入操场，整队向教员报告。教员接受报告后，下达课目，布置训练内容，说明训练方法、步骤和要求，检查着装，清点人数，安排伤病员的活动；②利用体育骨干检查场地、器材，并安排他们担任保护与协助工作；③教员严格按教学计划组织教学，受训者严格按规定的内容、方法、队形和口令操练；④小结讲评，预告下次课的内容，回收器材。

（3）课后常规包括：①填写教学日志；②教员进行课后总结。③课中若出现运动损伤，教员要立即向直接领导报告，分析原因，吸取教训。

（二）分组教学

分组教学目的是加强教学针对性，便于因人施教、区别对待，提高训练效果。分组教学时，可固定分组，如以班为单位分组，也可临时组合，如把训练基础相同或接近的学员分在一组等。分组的形式一般有分组不轮换和分组轮换两种。

（1）分组不轮换是把受训者分成若干组，在教员统一指导下，按教学内容的顺序，同时进行同一内容的教学与训练。这种形式的优点是便于教员全面照顾受训者，合理安排练习的顺序和运动负荷。因此，只要条件允许，应尽量采用这种形式，以利于提高教学与训练的效果。

（2）分组轮换是把受训者分成若干组，在教员的指导下，各组同时练习不同的内容，并按预定时间进行轮换。这种形式的优点是在场地、器材不足，人数较多的情况下，可获得更多的练习机会。

五、课的队形与口令

航空体育既是体育训练,也是军事训练的重要组成部分。为了贯彻"严格训练,严格要求"原则,提高训练质量,体现部队特点,在航空体育教学与训练中,要认真贯彻《队列条令》精神,规范教学与训练中的队形与口令,以及训练活动。常用队形有排横队、班横队、排纵队、班纵队、圆圈队形、体操队形和讲解队形七种。

(一)排横队

1. 适用范围

排横队适用于上课时下达课目、下课时进行讲评或某些集体练习项目的讲解与示范。

2. 实施方法

上课前教员选择好集合地点,等候部队。队干部或值班人员带队到集合地点,整队后向教员报告。报告词:"教员同志,××队×区队,应到××人,实到××人,病假×人,请指示。××长×××",教员通常下达:"上课"。有首长听、查课时,回答:"稍息",然后由教员向首长报告。下课时,仍以排横队集合,进行小结讲评,如有首长听、查课,教员应向首长请示,同意下课后,宣布下课,队干部或值班人员要再次向教员报告。报告词:"教员同志,部队是否带回",教员通常回答:"带回"。

(二)班横队

1. 适用范围

班横队适用于器械体操、专门器械体操、球类、全身运动五项等项目的练习准备队形。

2. 实施方法

练习时齐步（跑步）出列操练，结束后齐步（跑步）入列成跨立，如器械体操、专门器械体操等项目。由各班保护人员指挥练习，其口令是："第一名出列"，第一名练习者齐步（跑步）出列到器械一侧（一端）跨立准备。保护人员接着下达"上器械"口令，第一名练习者上器械进行操练，第二名练习者同时自动出列到准备位置跨立。当第一名练习者练习结束，面向保护人员立正，听候纠正错误，待保护人员下达"入列"口令后，齐步（跑步）入列，第二名听到"上器械"口令后，上器械操练，第三名练习者自动出列准备，依此类推。

（三）排纵队

1. 适用范围

排纵队适用于短跑训练、跑步专门性练习、行进间徒手体操。

2. 实施方法

在起点成四路纵队或八路纵队。操练时，各路纵队第一名为第一组，第二名为第二组，依此类推，分组练习。当跑完规定距离后，各组由跑道外侧成一路（或二路）纵队，便步走回起点入列。指挥口令由教员统一下达。

（四）班纵队

1. 适用范围

班纵队适用于跳马、弹跳板、跳远、游泳和滑冰等。

2. 实施方法

学习动作时，受训者依次单个练习，体会动作要领，掌握动作技术后，为了加大运动负荷，提高训练效果，可采取流水作业。口令是："前后距离×米（步），前进"。

（五）圆圈队形

1. 适用范围

圆圈队形适用于行进间徒手体操、部分体育游戏、长距离游泳和滑冰等。

2. 实施方法

排横队向右转成排纵队。口令为"一路纵队成圆圈队形，跑（齐）步走"。学员在行进中逐渐调整距离成圆圈队形。

（六）体操队形

1. 适用范围

体操队形适用于徒手体操、辅助体操和军体拳等。

2. 实施方法

体操队形的散开方法有排纵队行进间散开、排横队跑步散开和排横队正步散开三种。

（1）排纵队行进间散开。在排纵队齐步（跑步）行进中，要散开成体操队形。口令是："以右（左）翼排头为准，成体操队形散开"。受训者听到口令后，以基准兵为准，向右（左）边行进边散开，间隔和距离逐渐调整到两臂左右。

（2）排横队跑步散开。停止间排横队散开成体操队形，一般用跑步，也可用齐步。口令是："以右（左）翼排头为准，成体操队形散开"。受训者听到口令后，基准兵立正，其他学员分别向左（右）、左后和向后转，然后向前跑步至相应距离后立定，再向右（左）、右后和向后转面向教员，并迅速对正看齐。

（3）排横队正步散开。先散开距离，后散开间隔。其方法步骤是：排横队报数，各伍受训者记住本伍所报的数，并将该数"乘2减1"，所得之数作为自己散开间隔的步数。教员从排横队指挥位置跑步到体操队形指挥位置，并下达"成体操队形，正步——走"口令。以四列横队为例，听到口令后，第一列受训者向前正步走7步立定，第二列在第一列迈第三步的同时向前迈第一步，走5步立定，第三列在第二列迈第三步的同时，向前迈第一步，走3步立定，第四列在第三列迈第三步的同时，向前走1步立定。各班同时向左转成排尾在前的纵队。由排尾开始按各自所计之数向前正步行进。方法同距离散开动作一致，前一列向前迈第三步的同时后一列迈第一步，至最后一列向前一步，全排立定，向右转。

体操队形靠拢成排横队。口令是："以右翼排头为准，靠拢"。口令下达后，基准兵立正，其他受训者转向基准兵并跑步靠拢成排横队。

飞行人员徒手体操练习的口令是："飞行人员徒手体操，×个八拍，第一节××运动，预备——起。一、二、三、四，五、六、七、八……四、二、三、四，五、六、七、××运动，一、二三四、五，六七、八……"。节的转换从一至九节，最后一拍，呼下一节名称，第十节的最后一拍，下达"停"的口令。

（七）讲解队形

1. 适用范围

讲解队形适用于动作的讲解、示范和纠正错误动作。

2. 实施方法

由于训练项目不同，场地、器材各异，其讲解队形也不一样。现介绍常用的讲解队形及实施方法。

（1）排横队前两列蹲下，后一列插空。适用于徒手体操、辅助体操、拳术、全身运动五项等内容的讲解。口令是："前两列蹲下，最后一列插空"。前两列受训者按《队列条令》要求，迅速下蹲，最后一列受训者向左跨一步，对准前一列空隙后向左前方上一步跨立。

（2）排横队坐下。适用于游泳训练，口令是："坐下"。受训者按《队列条令》要求坐下。

（3）面对面两列横队。适用于田径、球类、跳马、弹跳板等项目，口令是："前两列向前五步（七步）走""向后转""跨立"。

（4）器械体操讲解队形。适用于器械体操和专门器械体操。口令是："以第×副器械为准，成讲解队形集合"。各班长带队至教员事先指定的位置，面向器械成班横队跨立。根据不同的器械又可分三种站立位置：一是器械两侧各两个班横队；二是器械四周各一个班横队；三是器械两侧各一个班横队，某一端两个班横队。教员可根据需要选用适合的队形。

第四节 航空体育训练计划制定

航空体育训练计划是指根据训练目标和训练对象的训练水平对未来的航空体育训练过程做出的理论设计。这个设计包括对训练过程的阶段划分、训练内容确定、训练负荷调控、训练方法选择、训练器材和场地安排、训练恢复措施，以及训练伤病预防等诸多方面的内容。

一、航空体育训练计划制定的意义与基本要求

（一）航空体育训练计划制定的意义

科学制定航空体育训练计划，是建立良好训练秩序、提高训练效益的重要基础，也是实现航空兵部队航空体育训练目标的必由之路。训练计划的科学制定直接关系到训练效益和质量，航空体育训练成效越显著的单位或个人，制定的航空体育训练计划越周密合理，可操作性越强。

航空体育训练计划的作用主要表现在以下三个方面。

（1）规划了由飞行人员的起始状态向目标状态转化的路径，有利于统一训练组训者、管理者、飞行人员和服务保障人员等所有训练过程参与者的认识和行动，并围绕所制定的训练计划贯彻与实施。这样有利于训练展开，掌控训练过程，实现航空体育的训练目标。

（2）通过训练计划的制定把训练过程的目标具体化为若干独立而又彼此联系的训练任务和形式，并进一步具体化为若干按特定要求进行的练习，受训者逐一地去完成这些练习。实现各个课次的训练任务和要求，就会达到和完成训练目标。

（3）通过制定和实施训练计划对"诊断""设定指标"等环节的状况做出适宜的评定，是保证航空体育训练过程顺利进行的重要条件。科学制定航空体育训练计划，既是部队施训单位建立良好训练秩序、提高训练效益的重要基础，也是实现部队航空体育训练目标的必要前提。从航空体育训练的现实看，许多航空体育训练为了达到理想的训练效果都要制定科学可行的航空体育训练计划，并注重航空体育训练过程的科学把握。训练计划的科学制定直接关系训练效果和质量，必须充分重视，并做到科学有效。

（二）航空体育训练计划制定的基本要求

科学制定航空体育训练计划，一般应把握以下基本要求。

（1）训练计划制定要把握宏观上的系统化建立完善的目标体系是实现目标控制的前提。因此，在制定航空体育训练计划时要在全面性和层次性两方面体现出系统化。

从宏观上看，根据训练过程的完整结构，航空体育训练计划应包括年度训练计划、阶段训练计划、周训练计划和日训练计划。为保证科学性，制定航空体育训练计划不仅要在不同训练阶段的训练内容、训练方法、训练手段、训练强度和恢复措施等问题上适应人体运动特点和规律，还要注意上述各要素之间的对应性、衔接性和协同性。保证科学性的另一个重要问题是如何正确处理执行上级机关训练计划与本人工作学习实际矛盾的问题。

（2）训练计划制定要注重微观上的精确化科学的训练计划转化为训练实效，主要取决于受训者的训练内容的掌握和身体机能水平程度。为增强训练计划的针对性和便于学员航空体育训练的顺利实施，在制定航空体育训练计划时要注意尽量使各训练要素的设计做到精确化。根据训练对象、训练标准的不同，训练时间的安排可能有长有短，但航空体育训练过程的基本结构是一致的。训练计划的精确化主要应把握好以下五个因素。

① 训练对象初始状态的评测和训练目标的确立；

② 划分训练阶段，明确各训练阶段的任务，规划出训练负荷的变化趋势；

③ 选择训练的方法和手段，确定各手段在练习中的负荷要求；

④ 选择恢复措施、确定恢复时机；

⑤ 规划检查、评定训练的内容、时间和标准。

二、制定航空体育训练计划的基本原则

为科学制定航空体育训练计划，应遵循以下四个基本原则。

（一）针对性原则

航空体育训练主要是针对个体的训练，由于受训者客观上存有一定的个体差异，在制定训练计划时应针对每名受训者的身体素质、健康状况和运动能力等方面的特点，制定出体现个体差异和适合受训者自身实际的训练模式与方法。不同的个体适用不同的训练负荷，在不同的训练阶段也有不同的训练要求，如果仅仅采用群体

模式对每一个个体进行同等强度和方法的训练,难以达到预期的训练效果。舰载机飞行部队日常事务繁忙、训练科目多、飞行任务重,针对每一个人制定出不同的训练计划是有难度的,但在适当的条件下对受训者进行分类编组施训还是可行的。例如,可将飞行人员按不同体能水平进行强、中、弱分组,兼顾个体差异制定出适应不同组别训练要求的训练计划。

(二)可行性原则

衡量一个训练计划的科学与否,最突出的体现是其能否按预期顺利实施,若能够顺利实施,说明计划是符合科学实际的、可行的。航空体育训练计划的可行性,不仅要关注训练时间、场地器材、气候状况等客观条件,还要关注本单位组训者的组训能力,更要关注受训者现有的训练水平,综合这些因素制定出的训练计划才具有可行性。计划的可行性表现在:一是要以计划的有效性为基础;二是计划应对行动的目的、采用的方法、相应的措施、时间的进度、规定的步骤、指标的内容,作出明确而合理的说明;三是计划所需条件的满足;四是计划的表述应准确、简洁,易于理解和接受;五是计划要为控制创造条件,对可能会出现的情况做出相应的对策,并指明控制的要求、重点、方向。

(三)动态性原则

航空体育训练计划是一个相对开放、动态的系统,随着训练过程的深入、人员素质的提高、训练场地及器材的改善而不断完善。了解掌握动态性原则,要领会处理好计划的严肃性和灵活性的关系。所谓严肃性,指计划是经过周密的考虑后提出来的,是航空体育训练一定时期内必须遵守的行动纲领,具有一定权威性。计划的严肃性是以计划的有效性为基础,计划一经制定下达,就必须坚决执行，执行中遇到问题，及时报请上级主管部门，而不能随意加以修订和改变。所谓灵活性，是计划灵活改变方向的能力，使计划在特殊复杂环境下具有改动回旋的空间。绝对准确无误的计划几乎是不可能的，计划的灵活性要有限度，计划的变动生效，必须经过相应的程序才能得以实现。

（四）适用性原则

"实战、实用"是航空体育训练的基本要求。航空体育训练计划必须与各机种遂行任务保持一致，即训练计划要适应于作战要求，为实战服务。因此，组训者在设计训练计划时应把握飞行特点、机种特点和作战与训练对飞行人员的体能需求，实现作战装备、作战环境、作战技能有机结合的训练目标。

三、训练计划的形式

训练计划的制定尽管因项而异、因人而异、因时而异，但任何一份训练计划都必须包括应有的基本内容。训练计划的规范化，有助于组训者与飞行人员遵循运动训练活动的规律，系统地思考训练工作，有序地设计训练进程。训练计划可用文字叙述，也可用图表表述。用文字叙述有利于自由充分地表达组训者对训练工作的认识和设想，便于体现和反映组训者独有的风格；用图表表述则简洁明晰，便于纵向和横向比较。本书用图表来进行表述。

（一）年度训练计划

年度训练计划是组训者和飞行人员组织运动训练过程的重要文件。由于考核与评定具有明显的年度周期性特点，因此，通常以年度训练作为运动训练过程的基本单位。制定年度训练计划，是组训者和飞行人员从事系统训练不可缺少的一项重要。年度训练计划参考样表见表 5.1。

表 5.1 年度训练计划参考样表

类别	人员现实状态	年度训练目标状态			
训练成绩					
身体机能					
身体素质					
运动技术					
机体形态					
训练心理					
负荷变化情况					
季度	一季度	二季度	三季度	四季度
时间				
主要任务				
主要方法与手段				
恢复措施				
检查评定内容及时间				

飞行人员（　　队）姓名：_____ 性别：_____ 年龄：_____

主要任务：_____

（二）周训练计划

周训练计划是根据飞行任务穿插安排航空体育训练内容而制

定的以周为基本单位的训练计划表。有飞行任务时，飞行前一般不安排航空体育训练或大负荷的训练内容，以保证飞行人员良好的身体状态；在飞行后航空体育训练应主要以恢复训练为主。周训练计划参考样表见表 5.2。

表 5.2　周训练计划参考样表

飞行人员（　　　队）姓名：＿＿＿＿＿＿性别：＿＿＿＿年龄：＿＿＿＿

日期：＿＿＿年＿＿＿月＿＿＿日—＿＿＿年＿＿＿月＿＿＿日

任务								
星期		一	二	三	四	五	六	日
飞行计划（时间）								
课次								
课次任务								
运动负荷量（大、中、小）								
早操	时间							
	内容与手段							
	负荷							
上午	时间							
	内容与手段							
	负荷							
下午	时间							
	内容与手段							
	负荷							
晚上	时间							
	内容与手段							
	负荷							
恢复措施								
测验、考核与评定								

（三）课次训练计划

训练课计划是飞行人员航空体育训练最基础的计划。它是根据训练计划的进展顺序、受训者的现实状态、气候条件等对一次训练课所作的具体设计。训练课是航空体育训练活动最基本的组织形式。不论是年训练计划，还是周训练计划，都必须通过一次次训练课的组织来予以贯彻和实施。课次训练计划参考样表见表 5.3。

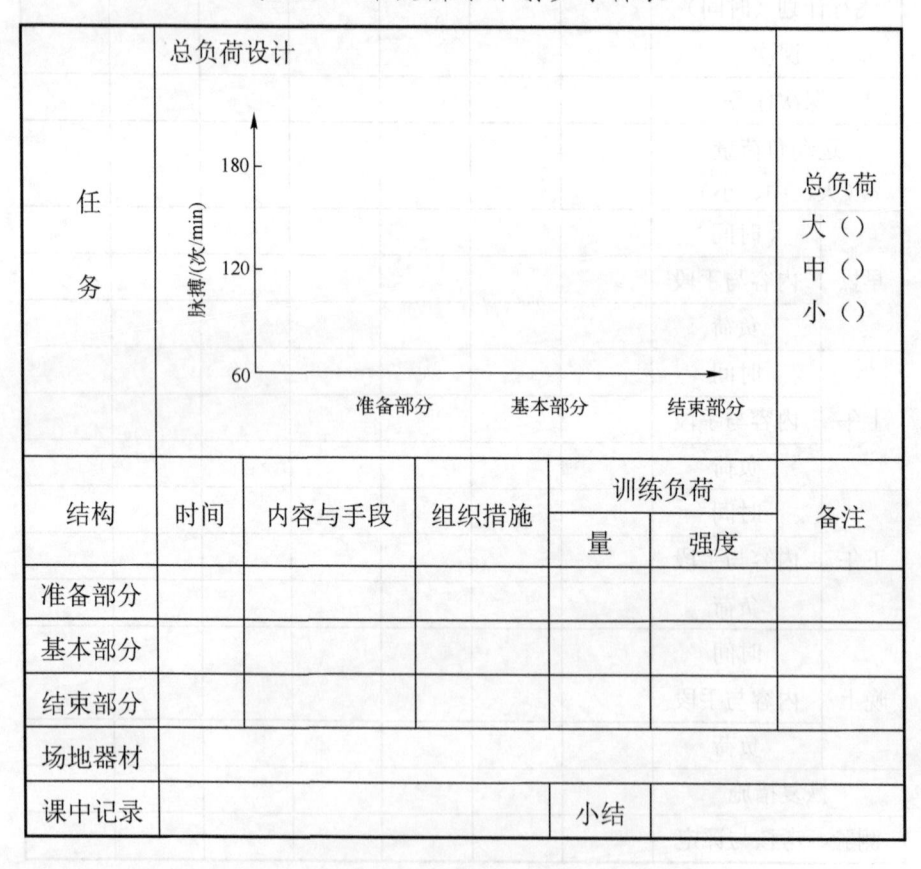

表 5.3 课次训练计划参考样表

任务	总负荷设计（脉搏/(次/min)：60、120、180；准备部分、基本部分、结束部分）					总负荷 大（ ） 中（ ） 小（ ）
结构	时间	内容与手段	组织措施	训练负荷		备注
^	^	^	^	量	强度	^
准备部分						
基本部分						
结束部分						
场地器材						
课中记录				小结		

第六章 航空体育组训体系的内容设计

第一节 航空体育基本理论及应用模块内容设计

一、模块概述

本模块适用于"舰机融合"视阈下海军舰载战斗机飞行学员班次，主要学习航空体育基本理论，培养学习者系统掌握并应用航空体育基本理论知识的能力，为舰载飞行所需强健体魄奠定坚实理论基础。

二、模块目标

（一）总体目标

通过本模块学习，学习者能够了解航空体育训练与军事飞行的密切联系，熟悉舰载战斗机飞行人员所必须具备的航空体育理论常识，系统掌握并应用航空体育基本理论知识的能力可为舰载飞行所需体能训练提供理论支撑，做到真正的知行合一，获得强健的体魄。

（二）分类目标

1. 知识与技能目标

学习者通过学习舰载战斗机飞行人员所必须具备的航空体育理论常识，可掌握航空体育训练身心适应、卫生保健、伤病预防、营养需求等理论知识，有助于学习者提高对航空体育训练重要性的认识，提升对航空体育训练的自觉。

2. 过程与方法目标

学习者可以自身参加航空体育训练全过程为案例，结合课程讲授进度，就课程内容所涉及的身心适应、伤病预防、营养需求等内容学习后进行理论总结，系统指导自身训练实践，从而达到理论与应用相统一的目的。

3. 情感态度与价值观目标

帮助学生树立科学参与航空体育训练的理念，降低其过度训练、带伤训练等误区，提升训练科学性，减少训练损伤，促进战斗力生成。

三、设计思路

（一）教学内容设计

航空体育基本理论知识体系包括航空体育基本理论与应用概述、训练身心适应基本理论与应用、训练卫生保健基本理论与应用、训练伤病预防基本理论与应用、训练营养需求基本理论与应用 5 个模块，并在每个模块下结合舰载战斗机飞行实践进行理论知识的应用阐述，具体内容为如图 6.1 所示。

（二）教学组训策略设计

1. 课程教学策略设计逻辑起点

突出岗位任职，课程教学突出"舰机融合"特点。在舰载机飞行员航空体育训练方面，我军无论是理论研究还是训练实践都处在起步阶段。其训练理论、训练内容、方法手段以及训练模式等，既不能单纯地照搬陆基飞行员和舰艇人员的训练，更不能将二者简单地相加。因此课程教学内容 5 个模块的设置是以部队需求为基础，这是本课程教学策略设计的出发点。

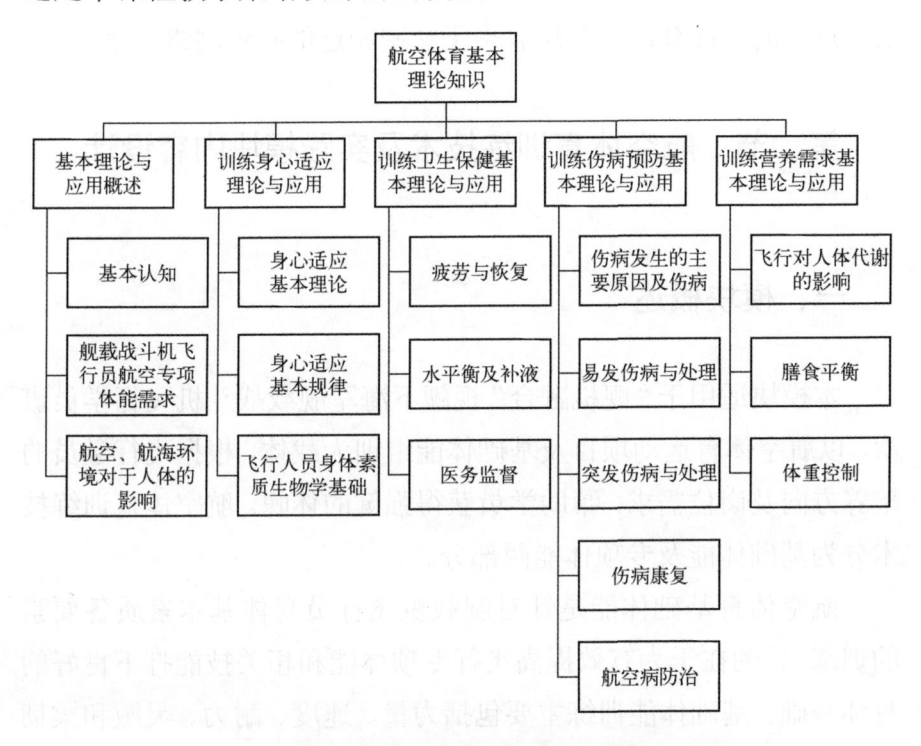

```
                    航空体育基本
                    理论知识
    ┌──────────┬──────────┼──────────┬──────────┐
  基本理论与    训练身心适应   训练卫生保健基   训练伤病预防基   训练营养需求基
  应用概述      理论与应用     本理论与应用     本理论与应用     本理论与应用
    │           │             │             │             │
  基本认知      身心适应       疲劳与恢复     伤病发生的主    飞行对人体代谢
                基本理论                     要原因及伤病    的影响
    │           │             │             │             │
  舰载战斗机飞  身心适应       水平衡及补液   易发伤病与处理  膳食平衡
  行员航空专项  基本规律
  体能需求
    │           │             │             │             │
  航空、航海环  飞行人员身体素  医务监督       突发伤病与处理  体重控制
  境对于人体的  质生物学基础
  影响                                       │
                                           伤病康复
                                             │
                                           航空病防治
```

图 6.1　航空体育基本理论知识体系

基于此，科学把握舰载机飞行员特殊岗位战斗体能需求，既是航空体育科学组训的第一步，也是制定体能训练方案的基本依据，关系到训练内容的针对性和有效性，决定着飞行员适应战斗体能最终的效果。

2. 课程教学策略设置的原则与依据

在进行课程知识点划分时，需要将课程的知识点进行细化整合，做到每个知识点解决一个问题，保持知识点的相对精简独立，方便学习者利用零碎时间进行学习。在复习强化期间，为课程后期考核做好准备，遵守整体紧密连贯原则，在遵循知识点相对独立的同时，要将同类知识点按照逻辑框架进行设计。做到横向覆盖面广，纵向切入点深，使整个课程知识体系由若干的知识点聚类构成。各知识点之间形成分层、分块且聚类紧密相连的知识网络体系。

第二节 航空体育训练技术及实践模块内容设计

一、模块概述

本模块适用于"舰机融合"视阈下海军舰载战斗机飞行学员班次，以航空体育运动项目及基础体能组训为载体，根据飞行学员的培养方向及岗位需求，帮助学员获得强健的体魄。航空体育训练技术分为基础体能及专项体能两部分。

航空体育基础体能是针对舰载机飞行员身体基本素质各要素的训练，目的在于为有效提高飞行专项体能和相关技能打下良好的身体基础。基础体能训练主要包括力量、速度、耐力、灵敏和柔韧等基本的身体素质训练和组合训练。本章主要就基础体能中必训课目的训练目的要求、训练条件、动作要领、训练方法、常见错误与纠正方法，以及训练注意事项和考核测试等进行阐述。

航空体育专项体能训练是航空体育训练的重要组成部分，目的在于有效提高飞行人员航空体育专项能力。专项训练是航空体育训练的重要组成部分，是针对舰载机飞行员飞行专项身体素质的训练，目的在于有效提高飞行专项体能。本章着重就海军空勤人员岗位能力训练中必训课目的训练目的要求、训练条件、技术动作要领、训练方法、注意事项和考核测试等内容进行阐述。

二、模块目标

（一）总体目标

根据舰载战斗机飞行员岗位要求，综合基础体能训练是航空体育训练的重要组成部分，是针对舰载机飞行员身体素质各要素的训练，目的在于为有效提高飞行专项体能和相关技能打下良好的身体基础，掌握军事体育实用技能部分课目的正确动作与技术要领，提高体能水平与身体协调能力；掌握岗位任职需要的身体能力练习方法，掌握航空体育专项体能部分课目的正确动作和技术要领，强化健康体育意识，养成自觉锻炼身体的习惯，培育战斗精神，提升自我发展的能力，以满足未来信息化战争对飞行人员体能的需求。

（二）分类目标

1. 知识与技能目标

描述海军飞行人员应具备的身体素质，概括航空体育训练的基本程序、方法和标准，总结不同运动项目与提高身体素质的关系，形成航空体育运动的基本技能以确保训练安全的基本理念，熟练运用各种项目的运动技术，能够科学组织基本项目的训练，具备常见运动损伤的处置能力、自主锻炼能力和体育活动组织能力。

2. 过程与方法目标

经历课堂理论学习、体会练习、交流讨论等环节，参与自主训练和集体训练，学会在运动技术形成过程中提高运动成绩和训练效益的科学方法，分享身体素质逐步提高过程中的艰辛与乐趣，为今后飞行需要打牢坚实的身体素质基础。

3. 情感态度与价值观目标

通过航空体育课程的学习和训练，陶冶情操，发展个性，树立正确的体育审美观，培养健康体育意识、兴趣和习惯；掌握运动本领，形成强健的体魄，形成稳定的心理素质，提升战胜困难、克服挫折的意志品质；培养军人严明的组织纪律观念，锤炼学员令行禁止、雷厉风行的战斗作风。深刻认识航空体育训练与军事飞行职业的密切关系，感受航空体育训练的科学性及在军事领域的重要性，了解航空体育在政治、军事、文化方面具有的功能，认同航空体育运动在促进健康、强健体魄、增进团结、锤炼意志、培养作风方面的训练价值，欣赏健硕美、阳刚美，关注体育文化、体育意识，具有不怕困难、勇于挑战、敢于担当的精神。

（三）设计思路

落实新时代军事教育方针的要求，航空体育组训体系的设计，遵循"学为中心"教学理念，按照一至四年级"全程不断线"设计。

航空体育组训体系实施主要包括"课堂授课""课后训练"和"评比考核"三个环节。课堂训练主要是讲解航空体育相关运动技能的动作要领；课后训练主要是使学员自主掌握和提高身体运动能力。掌握科学训练的方法，不仅练习技能又练习意志品质和作风，提高其"学为战、练为战"的意识，使学员巩固运用所学知识，增强实战技能，培养战斗作风，提高心理素质。对教学和训练效果的检查，采用课堂考查、学期考试和毕业联合考核等方式进行。

1. 组训策略设计

航空体育组训体系是与实战相结合的课程，在进行授课时训练思维、方法和手段要更加灵活，而且航空体育训练强度大、内容多，对于学员承受能力和接受能力要求更高，因此在教学中要循序渐进、科学组训，抓住主要矛盾，解决突出问题。

2. 组训过程的优化设计

从实战出发，分析飞行学员的现有体能储备和岗位任职需要，有目的地把航空体育与实战相结合，强化军事体育与实战的结合程度。抓住教学环节的关键，提高学员战斗体能，使学员加深对军事体育在实战应用的认识，调动学习积极性，培养自主训练的能力。

3. 教学方法和手段的优化设计

（1）教学方法。组训体系以体能训练递进式教学模式为指导，遵循运动技能形成规律（泛化、分化和自动化），全面发展基础体能，突出实用技能，运动负荷循序渐进，坚持经常运动训练。采用讲解示范、个人体会练习、集体练习与个别指导相结合，以学员训练为主体，重视学员个体差异，提高学员体能素质。在教学训练中既要注重理论的学习，又要与运动训练实践紧密结合。采取单科结业、课终考核、毕业考核、阶段达标及各种对抗考核相结合的方式，力求全面、实时地反映学员体能状况与技能掌握情况。使学员通过学习、训练，全面提高身体素质，增强体质，掌握体能训练的基本知识、技术和技能，培养未来战争所需的良好体能和心理素质，促进战斗技能的掌握和提高，培养现代化、正规化、信息化的新型军事人才。

针对学员情况，在教学中依据《军事体育训练大纲》《军队院校教学大纲》，着眼学员知识能力素质发展，尊重学员个体差异，因材施教，进行实战情景模拟训练和交流研讨等，促进学员身体素质全面发展。做到分层次教学，因材施教，考虑学员自身体能储备差异，根据实际情况，在进行课堂授课过程中对学员进行差别化教学，采取不同的训练方法，并对基础差的学员给予重点关注，打牢他们的基础体能，对于体能基础较好的学员，提高其军事体育训练兴趣，提高各层级学员主动学习的能力。

（2）学习方法。以区队为基本单位组织教学训练，每次人数一般不超过 30 人，根据学员体能储备开展分类教学。一是要加强自主训练。学员按照教员要求自主训练的内容，明确目的要求，将所学内容与实战相结合。学员应积极参加竞技体育比赛等活动。二是训练内容系统化、科学化。学员应按照内容整合、区分，制定训练计划表，有规律、有节奏地进行训练。训练时要做好保护措施，避免在训练中受伤，合理安排训练时间，科学组训。三是形成养成健康生活的习惯。学员在校期间通过军事体育课程的学习增强未来战争所需的战斗体能，掌握军事体育的基本技术、知识和技能。学员应具备适应健康生活方式的意识和能力。面向未来战争，以一种超前的全面视角去从事军事体育。

（3）教学组训具体课目设计。航空体育基础体能训练包括航空体育力量训练、爆发力训练、无氧训练、耐力训练、灵敏训练、速度训练、平衡与稳定训练 7 个部分，以体能素质获得为前提，以教员引导学员自主训练为主要方式，在飞行学员基础教育阶段的 3 年分段实施。航空体育专项体能训练具体内容以项目为载体，以航空体育课堂为主战场，以难易程度划分，在飞行学员基础教育阶段的 3 年分段实施。

第七章　航空体育组训过程中的卫生保健要点

航空体育卫生保健是研究航空体育训练如何进行保护和增进飞行人员健康、防止疾病的应用科学。运动保健知识，对飞行人员消除疲劳、促进恢复、预防运动损伤、养成良好的运动卫生习惯，以及掌握评定航空体育教学与训练的方法，具有十分重要的作用。

本章主要介绍航空体育运动生理卫生知识、运动损伤的预防与处置、航空体育训练的疲劳与恢复等内容，目的是提高航空体育训练的针对性、有效性。

第一节　航空体育中的运动生理卫生知识

运动生理卫生是研究体育运动及其环境与人体机能之间内在联系的科学。在航空体育训练组织过程中，飞行人员必须认真学习和掌握运动生理卫生知识，遵循人体机能变化规律、身心适应规律和运动技能形成规律，科学安排航空体育训练，合理处置训练中的生理现象和运动疾病，保持良好的运动卫生习惯，促进健康，有效提高航空体育训练的质量。

一、航空体育运动卫生常识

（一）做好准备活动和整理活动

1. 准备活动

准备活动是指在进行航空体育活动前所做的各种身体练习。准备活动的主要目的是使飞行人员从心理上和生理上做好承受计划训练负荷的准备，提高身体温度和兴奋度，降低肌肉黏滞性，增大关节灵活度，预防训练损伤。

准备活动可分为一般性准备活动和专门性准备活动两种。其顺序是先进行一般性准备活动，如走、跑、跳、徒手体操以及游戏等，然后进行专门性的准备活动。专门性准备活动应根据即将进行的运动项目的特点和需要，选择动作结构、运动节奏、运动强度等与正式运动相似的模仿练习项目进行组训。

准备活动的主要作用在于以下四个方面。

（1）提高代谢水平，使体温上升。运动前的准备活动可加快血液循环，促使体温上升。人的体温升高，可以使肌肉黏滞性下降，提高肌肉收缩和舒张速度，增加肌力；可以使血红蛋白和肌红蛋白释放更多的氧，从而增加肌肉的氧供应；可以普遍提高神经和肌肉组织的兴奋度；增加肌肉及韧带的伸展性，加大柔韧性；还可以使肌肉中小血管扩张，增加肌肉中血供应。

（2）提高心血管系统、呼吸系统机能水平。通过准备活动使内脏器官，特别是心、肺活动加强，避免或减轻运动时因内脏器官活动暂时不能适应肌肉工作的需要而发生的心慌、气喘、腹痛、动作失调等不良现象。

（3）促进有关中枢间的协调。准备活动可使运动技能的条件反射联系接通，促进参与运动的有关神经中枢间的协调。专门性准备活动在这方面起着更加重要的作用。

（4）调整赛前状态。赛前状态是指在赛前或运动前，人体各器官、系统所产生的一系列机能变化。如呼吸、脉搏加快，血压升高等。赛前兴奋度过高会出现过度紧张，以至肌肉发生抖颤、动作不协调等。兴奋度过低，则又不能很好地动员整个身体的活动能力。对过度紧张者，可通过做一些缓和、有节奏的活动来缓解紧张情绪；对情绪低落者，可通过活跃的、强度大且时间稍长的活动来提高机体和大脑皮层的兴奋度。

准备活动持续时间的长短、运动负荷的大小，以及与正式运动训练间隔时间的长短，应根据训练任务、气候条件和训练水平决定。一般来说，身体感觉发热，微微出汗，肢体活动的频率、幅度和力量接近或达到最大限度为宜。准备活动结束和开始比赛的时间间隔不宜过长或过短，一般在赛前 5~10min 结束为好。

2. 整理活动

整理活动是运动结束后做的一些放松性的身体练习。其目的是降低身体兴奋度，放松肌肉，促进快速恢复，在运动后做整理活动，可使人体由紧张的运动状态过渡到安静状态；可使呼吸系统、心血管系统的机能保持在较高的水平，有利于偿还运动时所欠的氧债；还可使肌肉放松，避免由于局部循环障碍而影响代谢过程。

整理活动应着重于全身性的放松活动，包括慢跑、呼吸体操和各肌群的伸展练习等。其活动量应逐渐减小，活动速度逐渐减慢，达到消除疲劳、恢复体力的目的。活动时应加深呼吸，以加大肺通气量，提高气体交换效率。

（二）合理安排进食与饮水

1. 运动与进食

运动时，大脑的运动中枢和交感神经处于高度兴奋状态，大量血液流入肌肉，胃肠等内脏器官获得的血液相对减少，同时由于运动时副交感神经被抑制，消化系统的活动也处于抑制状态，表现为胃液分泌减少、消化能力减弱。因此，运动后，未经适当休息便进食会影响食物的消化和吸收。

饭后，肠胃已经开始工作，大量血液流入消化系统，此时若进行剧烈运动，大量的血液就要从消化系统流进肌肉，使消化机能减弱。此外，胃内装满了食物，强烈的震动容易牵扯肠系膜，对肠胃产生不良影响而引起腹痛、恶心。在训练期间，应注意饮食卫生。不要吃脂肪过多的食物，因为脂肪不易消化，会加重胃肠的负担，对运动也不利。一般体育训练至少应在饭后半小时开始，饭前半小时结束，最好在饭后一个半小时后进行。

2. 运动与进水

水是组成人体的重要物质之一，不仅参与体内物质代谢、腺体分泌等生理过程，而且能调节体温。在正常情况下，人体摄入的水量和排出的水量必须相对平衡，才有利于物质代谢的进行和维持正常的机能。

人体在运动时不仅消耗大量热能，同时也失去大量水分。当失水量为体重的2%~4%时，会产生全身无力、口唇发干、精神不振、疲劳和肌肉工作能力下降等现象。当失水量为体重的8%以上时，会出现烦躁、体温和脉搏增高、血压下降、循环衰竭甚至死亡。

人体需水量取决于排出的水量。一般每日每千克体重需供40mL。因运动、高温等出汗较多时，供水要相应增加。剧烈运动中和运动后，均不宜一次性大量饮水，应以少量、多次为原则。如果大量饮水，会使胃部膨胀，妨碍膈肌活动，影响呼吸。还会由于水分的渗透使血液浓度稀释，血量增多，从而增加心脏和肾脏的负担，有损健康。为了补充身体失去的盐分，应饮用一些淡盐水，保持盐水平衡。

（三）选择适宜的训练场所

1. 选择训练场所的注意事项

飞行人员训练场所的选择应结合实际，因地制宜，但需要注意以下问题。

（1）避开污染区。体育训练应避开污染区，避免尘埃、有害气体和噪声，在绿色植物较多的环境中训练。绿色植物不仅是制造氧气的工厂，而且还具有吸收二氧化碳的能力。植物中的叶绿素利用太阳能进行光合作用，每吸收 44g 二氧化碳就能产生出 32g 氧气。同时，树木又能有效地减少噪声对人的干扰。

（2）方便训练。根据训练内容及训练者的体能状况选择适当的训练场所。

（3）路线适宜。一般训练的路线最好是正南北方向，面北背南，即与子午线平行，这样避免日光眩目。风天其运动路线应与主导风向垂直。如果进行公路越野跑，应在上风口公路一侧跑进，以避免汽车尾气的吸入。我国北方主导风向是北偏西风，南方主导风向是东南风。

（4）地面平整，坚硬适度。体育训练绝大多数项目都要求场地平坦、结实、无浮土、富有弹性、不滑。篮球、足球等球类场地四周 2~5m 范围内不能有障碍物，足球活动最好能在草皮上进行。

2. 对室内训练场地的要求

室内训练场所环境的好坏，对训练者的身体健康和训练效果有着直接的影响。因此，训练时应选择符合要求的场馆去训练。同时，也要遵守场馆的使用规定，共同维护和创造一个良好的训练场所和环境。

（1）室内体育馆的要求。一般情况下，室内体育馆的使用面积平均每人至少有 4m^2；暖气设备应装入墙内；温度适中，通常控制在 23℃～25℃；光线必须均匀、充足，照明度不低于 50 烛光，以 200 烛光为宜；墙壁应平坦，不能有突出部分或雕刻装饰；地板应是木制的，而且平坦坚固，没有木刺和裂缝，无眩光。缺少人工通风设备的场馆，要在训练前后或休息时进行通风换气。

馆内应保持清洁，每日应大扫除一次。训练前应对球场进行擦拭，最好用吸尘器或湿式清扫；进馆应换干净的运动鞋；禁止在馆内吸烟；练专项体能和器械体操者，要防止镁粉飞扬，不能用滑石粉代替镁粉或混合使用。

（2）器械与设施的要求。在训练前和训练过程中，应仔细检查器械，特别要仔细检查器械的连接部分。例如，单双杠的杠杆与支柱连接部分是否牢固；综合练习器的各种绳索、销子是否系牢、销好；跳马助跑道的表面及跳板应垫上或钉上胶皮，以防太滑；垫子不宜太软、太硬、太轻、太滑；安放垫子时两块之间不要有空隙，以防脚踏入缝隙造成损伤。

游泳馆应按更衣室—存衣室—卫生间—淋浴室—涉水区—游泳池的顺序设置。为了安全，深、浅水池要严格分开，或通过浅水区再到深水区。池底要有一定的倾斜度，但不宜太陡。水质应是在水静时，任何地方均能看到池底；水的 pH 值为 7.2～8.0；剩余氯含量为 0.2～0.5mg/L；杂菌数量在 1000 个/mL 以下；大肠杆菌在 3 个/mL 以下。超过这些范围，就应及时换水、消毒、清洗。

（四）剧烈运动后不要立即进行冷水浴或游泳

剧烈运动后，体温较高，体内血管扩张，血液循环阻力小，新陈代谢旺盛,各器官的机能都处于较高的水平。此时如果立即进行冷水浴或游泳,皮肤受到强烈冷刺激后,会引起皮肤血管收缩,循环阻力加大。这样不仅增加了心脏负担,而且加重了身体的疲劳感,影响体力恢复,还可能引起一些不良反应,如恶心、腹痛、四肢无力、感冒等。

此外,剧烈运动后游泳,容易发生肌肉痉挛。这是因为强烈的冷水刺激,使肌肉内的血管收缩,流经肌肉的血液减少,影响肌肉的物质代谢,使已经疲劳的肌肉堆积很多的代谢物,引起痉挛,不仅影响正常游泳,还可能危及安全。

(五)预防肥胖

肥胖是脂肪在体内过分积蓄所致。我国通用航空飞行学生的体质指数见表7.1。

表7.1 招收飞行学生身高体质指数对应表(男性)

身高/m	体重/kg		
	BMI=18.5	BMI=24	BMI=28
1.65	50.4	65.3	76.2
1.66	51.0	66.1	77.1
1.67	51.6	66.9	78.1
1.68	52.2	67.7	79.0
1.69	52.8	68.5	80.0
1.70	53.5	69.4	80.9
1.71	54.1	70.2	81.9
1.72	54.7	71.0	82.8
1.73	55.4	71.8	83.8

续表

身高/m	体重/kg		
	BMI=18.5	BMI=24	BMI=28
1.74	56.0	72.7	84.8
1.75	56.7	73.5	85.8
1.76	57.3	74.3	86.7
1.77	58.0	75.2	87.7
1.78	58.6	76.0	88.7
1.79	59.3	76.9	89.7
1.80	59.9	77.8	90.7
1.81	60.6	78.6	91.7

BMI 等于体重（kg）除以身高（m）的平方。BMI 为 18.5~24 时为正常，小于 18.5 为体重不足，大于或等于 24 为超重，大于或等于 28 为肥胖。

二、运动中产生的生理现象及处理

（一）肌肉酸痛

1. 原因

肌肉酸痛是对训练负荷不太适应的一种生理反应。在剧烈运动时，由于肌肉内的血液供应不足，肌肉在运动中的能量物质（如肌糖原等）在氧气供应不足的情况下，除能分解产生一部分能量供肌肉收缩外，还可产生大量的乳酸在肌肉中。例如，经常参加体育训练，呼吸、循环器官的机能协调比较好，氧供应充分，肌肉中的乳酸就会重新合成肌糖原；如果氧气供应不足，乳酸不能及时排出或氧化掉，也就像烧煤一样，炉子不通风，煤就烧不透，"煤核"就会剩很多，堆积在炉子里，积累在肌肉中的乳酸，达到一定程度后，就会产生刺激神经肌肉的作用，同时还促使水分向肌纤维内渗入，使肌肉膨胀，产生酸痛的感觉，这就是平时很少运动的人突然参加体育活动，或长时间中断体育活动又参加锻炼，或一次训练强度过大感觉全身酸痛的原因所在。

2. 症状

全身或局部肌肉酸痛，伴随肌肉僵硬的现象。但一般来说经过几天的调整，身体会很快适应，疼痛感会逐渐减轻或消除。

3. 处置

为了减轻肌肉酸痛，开始参加训练时，运动负荷应小一些，以后逐渐增加。如果酸痛已经产生，可适当减小运动负荷，但不必停止训练。若酸痛较严重，可采用局部热敷、按摩等方法促进血液循环，以利于肌纤维的修复。经过休息后，血液循环得到改善，氧气供应补足，堆积的乳酸慢慢被重新处理掉，酸痛就会自行消失。

（二）极点和第二次呼吸

1. 症状

在剧烈运动时，由于内脏器官的活动跟不上运动器官的需要，往往产生一种非常难受的感觉，此时感到呼吸困难、下肢沉重、动作迟缓、情绪低落等。这种现象在运动生理学上称为"极点"。

"极点"现象的产生与训练水平、负荷强度、准备活动有关。不经常参加体育活动的人，"极点"出现早、持续时间长，表现的特征也较严重。训练有素的人，因为其内脏器官的机能在平日训练中得到提高，在运动中能够迅速地发挥其最高机能水平，所以"极点"出现晚，持续时间短，身体反应也较小。

2. 原因

"极点"产生的原因是人体由相对安静状态转变到剧烈运动时，肌肉能迅速转入工作状态，而内脏器官跟不上肌肉活动的需要，造成氧供应不足，大量乳酸等物质在血液中积累。这些化学物质的刺激引起呼吸、循环系统活动失调（如呼吸频率、心率急剧加快，动脉血压升高等）。这些机能失调导致强烈刺激传入人大脑皮质，引起动力定型的暂时紊乱，神经中枢的协调性遭到了暂时破坏。

3. 处置

"极点"出现后，应继续坚持运动，降低运动速度与频率，加深呼吸，以改善氧的供应，从而克服内脏的惰性，改善躯干性和植物性神经中枢间的协调关系，各种不良感觉就会消失，动作又变得轻松、协调，动力定型恢复，这种现象称为"第二次呼吸"。

（三）肌肉痉挛

1. 症状

肌肉痉挛俗称抽筋，是指人体某一部位肌肉发生强性收缩，引起局部疼痛和活动受限的现象。

常见的发病部位多在小腿腓肠肌，其次是足底屈拇肌和屈趾肌。肌肉痉挛在游泳运动中较为常见。发病部位的肌肉剧烈挛缩发硬、疼痛难忍，痉挛肌肉所涉及的关节屈伸功能有一定的障碍，发作常可持续数分钟。

2. 原因

产生肌肉痉挛的原因有以下四点。

（1）寒冷刺激。在寒冷的环境里运动，肌肉受冷空气的刺激兴奋性突然增高使肌肉发生强直收缩。如游泳时受到冷水刺激、冬季在户外训练受冷空气的刺激都可能引起肌肉痉挛。如果在寒冷的环境中运动时未做准备活动或做得不充分，或未注意保暖，就更容易发生肌肉痉挛。

（2）电解质丢失过多。长时间的剧烈运动或高温季节运动时，大量排汗或有些飞行人员为体型达标而急性减重，使大量电解质从汗液中丢失，造成电解质浓度过低，引起肌肉兴奋度增高而发生肌肉痉挛。

（3）肌肉连续过快收缩而放松不够。训练和比武（竞赛）中肌肉连续过快地收缩而放松的时间太短，以至于肌肉收缩与放松的协调性紊乱引起肌肉痉挛。

（4）疲劳。身体疲劳也直接影响肌肉的生理功能，疲劳的肌肉往往血液循环和能量代谢有改变，肌肉中有较多的代谢产物堆积，如乳酸不断地对肌肉产生刺激导致痉挛产生。因而身体疲劳时，特别是局部肌肉疲劳时再进行剧烈运动或做一些爆发性的用力动作，则容易发生肌肉痉挛。

3. 处置

不太严重的肌肉痉挛，只要以相反的方向牵引痉挛的肌肉，一般都可以缓解。牵引时切忌用力过猛，用力宜均匀、缓慢，以免造成肌肉拉伤。腓肠肌痉挛时，可伸直膝关节，同时用力将踝关节充分背伸，拉长痉挛的腓肠肌；足底痉挛时，可将足及足趾背伸，同时按摩痉挛肌肉部位，手法以揉捏、重力按压为主。此外，针刺或点掐委中、承山、涌泉等穴位或热疗（热水浸泡、局部热敷）也有一定疗效，处理时要注意保暖。严重的肌肉痉挛有时需采用麻醉才能缓解。

游泳中如果发生肌肉痉挛不要惊慌，如自己无法处理或解救时，先深吸一口气，仰浮于水面，并立即呼救。在水中解救腓肠肌痉挛的方法是：先吸一口气，仰浮于水面，用痉挛肢体对侧的手握住痉挛肢体的足趾，用力向身体方向拉，同时，用对侧的手掌压在抽筋肢体的膝关节上，帮助将膝关节伸直，待缓解后慢慢游向岸边。

发生肌肉痉挛后不宜再进行游泳，应上岸休息、保暖、局部按摩使肌肉放松。为防止运动中肌肉痉挛，平时应注意提高身体的耐寒力和耐久力。运动前认真做好准备活动，对易发生痉挛的肌肉，运动前先做适当按摩。冬季运动要注意保暖；夏季运动时，要注意电解质的补充和维生素 B_1 的摄入。疲劳和饥饿时不宜进行剧烈运动；游泳前要用冷水冲淋全身，使身体对寒冷有所适应，水温太低时游泳时间不宜过长。在运动中要掌握肌肉放松的方法。

（四）运动性腹痛

1. 症状

运动性腹痛是指内脏器官跟不上运动器官的需要而造成腹部钝痛、胀痛、刺痛、绞痛等，多见于长距离、长时间运动项目中。"肝区痛"是大多数安静时不痛，运动时痛，其疼痛程度与运动量大小及运动强度成正比，减慢速度、减小运动强度、深呼吸或按压腹部后，疼痛可减轻。"肝区痛"是除腹痛外无其他特异性症状，肝功能、肝脾超声波或胆汁检查等未见异常，各种"保肝"药物治疗无效。

2. 原因

运动中腹痛的主要原因包括：一是在长距离、长时间大负荷训练前准备活动不充分，内脏器官还未能充分动员起来，功能失调，造成局部疼痛；二是饭后未经休息即进行剧烈运动，肠胃受到牵拉而疼痛；三是持久的剧烈运动，由于心血管功能降低，血液回流受阻，使血液淤积在肝脏，引起肝部疼痛；四是由于呼吸机能差，呼吸与动作不协调，膈肌产生异常活动而致痛；五是运动时大量排汗，盐分丧失，水盐代谢失调所致。

（1）胃肠痉挛。多因饮食不当、暴饮暴食、离比赛时间过近或吃得过饱、喝得过多（尤其是冷饮），或因吃的是产气食物或不易消化食物（豆类、薯类、牛肉等）而发病。此种原因引起的疼痛多在上腹部，疼痛的性质多为钝痛、胀痛，严重者可产生绞痛。运动训练安排不当（如空腹训练、胃酸分泌过多或吸入冷空气等），可能引起胃部痉挛。另外有些因素可能引起宿便，使粪便过于干燥，刺激肠黏膜而引起痉挛疼痛，此类疼痛多发生在左下腹。蛔虫或其他寄生虫所致疼痛，多发生在脐周围。

（2）肝脾区疼痛。有时运动可引起肝脾区疼痛，如果发生在运动早期，其原因多为准备活动不足，开始速度过快，内脏器官活动与运动器官不相适应，在内脏器官功能还没有提高到应有的活动水平时就加大运动强度；特别是如果心肌收缩较差时，会引起搏动无力，大量的下腔静脉血向心回流受阻，血液大量淤积在腹腔、肝和脾，而肝脏的门静脉无静脉瓣，连接门静脉两端的都是毛细血管，这种解剖结构的特点不但造成肝部血液回流，更会发生肝、脾淤血性肿胀，使门静脉压力增高和肝脾被膜牵扯产生疼痛或胀痛。运动早期腹痛的第二个原因可能是呼吸节律紊乱。剧烈运动时，呼吸变得不均匀、没有节律，使呼吸变得表浅，频率过快，从而造成呼吸肌疲劳，甚至痉挛，而膈肌痉挛本身即可引起疼痛，又由于呼吸肌疲劳和痉挛减弱了对肝脏的"按摩"作用，同时呼吸短浅，胸内压较高，也会妨碍下腔静脉的回流，造成肝、脾淤血性肿大或肝、脾被膜紧张而引起疼痛。

（3）腹直肌痉挛。多在运动后发生，诊断容易，发生位置表浅，用手可触及腹直肌痉挛情况，主要是由于运动时大量排汗，盐分丧失，水盐代谢失调所致。

（4）腹部慢性疾病。运动者原有慢性阑尾炎、溃疡病、慢性盆腔炎或肠道寄生虫等，参加激烈活动时，由于受到振动和牵扯而产生运动中疼痛，这种腹痛部位与原来病痛部位一致。

3. 处置

运动中出现腹痛,首先要进行初步诊断,如果没有器质性病变迹象,可采用适当减速、加深呼吸、按压疼痛部位(或弯腰跑)等方法处置,疼痛感可以缓解或消失。如疼痛没有减轻,甚至加重,应停止运动,请医生诊治。如由胃肠痉挛引起运动腹痛,可手指点揉内关、足三里、大肠俞、阳陵泉、承山等穴位,也可口服"十滴水"或普鲁本辛(每次一片);如是腹直肌痉挛,可进行局部按摩,或做背伸动作拉长腹肌等方法,都能缓解腹痛。

为预防运动腹痛,运动前避免吃得过饱和饮水过多,并做好充分的准备活动。训练要循序渐进,注意呼吸与活动之间的节奏配合,夏季运动要适当补充盐分。

(五)晕厥

1. 症状

晕厥系指突然发生的、暂时性的知觉和行动能力丧失的状态。多数是因脑部供血供氧不足引起的,表现为突然失去知觉、昏倒。发病前会感到全身软弱无力、头昏、眼前发黑、耳鸣、恶心、出虚汗和面色发白等。昏倒后,皮肤苍白,四肢发凉,脉搏细弱,呼吸增快或缓慢。

2. 原因

除了脑缺血、低血糖等原因外,与训练项目、训练水平、身体状态、年龄、周围环境有关的因素主要如下。

(1)胸内压、肺内压增加:如举起重物时吸气后的憋气,可使胸腔和肺内压增加,妨碍静脉血回流,而致心输出量减少。

(2)重力性休克:主要是疾跑后立即站立不动,血液大量积聚在下肢血管中,回心血量明显降低,导致脑部供血不足。

(3)血管减压性晕厥(单纯性晕厥):发作前有情绪不稳定或

强烈的精神刺激等因素，引进动脉压和全身骨骼肌的阻力降低，大脑血液灌注量减少出现晕厥。

（4）直立性低血压性晕厥：身体由水平位突然变为直立位时，肌肉泵和血管调节功能发生障碍，致使回心血量骤减和动脉压下降，出现了一时性脑缺血。

（5）突发的原发性意识丧失：常见于长距离跑的过程中，由于脑干部网状组织缺氧和低碳酸血症引起神经传导方向发生异常而出现晕厥。

（6）潜水或游泳前的过度通气：吸气是为了闭气游泳或潜水作准备，但过度通气使过量空气进入肺泡，动脉血的氧分压降低至一定程度时脑组织不能工作，发生意识丧失和肌肉松弛的现象。

（7）中暑、伤后剧烈疼痛、腹腔神经丛或颈动脉窦受到打击等。

3. 处置

患者平卧（头部稍低），如有呕吐，宜将患者头部偏向一侧，松解衣领束带，注意保暖，可做向心推拿；如不苏醒，可针刺或掐点急救穴位（人中、百会、合谷、涌泉等），或嗅以氨水；如呼吸停止，应立即做人工呼吸。

若训练现场有医务保障，除上述的一般处理外，对低血糖性晕厥可静脉注射50%的葡萄糖60mL左右，对意识丧失者给予吸氧，对中暑性晕厥应将患者安置在阴凉通风处，用冰水或酒精擦身降温，或静脉点滴5%的葡萄糖生理盐水。

水下游泳和潜水时意识丧失到发生死亡的时间不超过2.5min，应迅速进行抢救。

（六）运动性血尿

1. 症状

运动后第一次、第二次尿色出现异常，尿色呈现"樱桃红色"

"红葡萄酒""浓茶色或酱油色""褐色",尿色异常一般持续2~4h。除少数人感觉头昏、腰酸无力,一般无不良感觉。多发生在直立体位下肢训练后,如长跑、野外综合训练、篮球、体操练习等。在游泳、功率自行车等水平体位训练后一般不出现运动性血尿。

2. 原因

在肉眼或显微镜下见到尿中有血或血细胞称为血尿。血尿是一种临床征象,可引起血尿的原因很多,单纯由于剧烈运动引起的血尿称为运动性血尿。男性发生较多,尤其在大强度、长时间的跑、跳(尤其是越野跑、障碍、长途行军)训练后较多见。运动性血尿的发生主要与剧烈运动有关,其发病原因有以下几种观点。

(1)肾静脉高压。有些人肾脏周围脂肪组织较少,直立位长时间的蹬地动作使肾脏位置下移,肾静脉与下腔静脉之间的角度变锐,可发生两静脉交叉处的扭转,引起肾静脉压增高,从而导致红细胞漏出,出现运动性血尿。

(2)肾脏缺氧。运动时肾上腺素和去甲肾上腺素分泌增多,全身血液重新分配,肾血管收缩、肾血流减少,造成肾脏缺血、缺氧,同时血液中乳酸、丙酮酸等酸性物质增加,pH值下降,均可使肾小球毛细血管的通透性增加,导致红细胞漏出而出现血尿。

(3)肾损伤。运动时由于腰部的屈伸扭转、撞击和挤压,均可造成肾组织和肾内毛细血管的轻微损伤而引起血尿。

(4)膀胱损伤。在膀胱排空的情况下跑步,脚落地时的震动使膀胱后壁和底部与盆腔骨骼相互接触、摩擦,容易造成膀胱黏膜的轻微损伤。

3. 处置

训练中出现血尿,应仔细询问、检查,排除病理性血尿。轻度出现血尿,可不停止训练,只适当调整训练强度和负荷量,注意观察,加强自我医务监督;当出现肉眼血尿时,应停止训练,到医院查明原因；若属于外伤性血尿，应针对病因进行积极的治疗，一般应停训，在医生的指导下可使用止血药，如维生素 K、维生素 C、安络血等。尿血是一个重要的临床症状，在剧烈运动后，某些人可能出现肉眼或显微镜下的血尿，称为运动性血尿。运动性血尿特点为运动后骤然出现血尿，血尿的明显程度往往与运动量大小及训练强度有密切关系。除血尿外不伴随其他特异症状和体征，男运动员多见，尤以跑跳运动员为多见，其中长跑运动员和三级跳运动员则更多见。肾功能检查、血液检查及 X 射线检查均正常，运动停止后，血尿迅速消失，一般不超过 3 天，愈后良好，对身体健康无不良影响。

（七）过度紧张

1. 症状

过度紧张常在剧烈运动或比赛后即刻或过后不久出现，如明显头晕、脸色苍白、恶心呕吐（有时吐出物呈红色或咖啡色）、全身无力、脉搏快、血压下降。严重者会出现嘴唇青紫、呼吸困难、咳红色泡沫样痰、右季肋部疼痛、肝脾肿大、心前区疼痛、心律不齐甚至停搏等急性心功能不全现象或昏迷死亡。有些患者出现昏厥、剧烈头痛、意识障碍、一侧肢体麻木、动作不灵或麻痹等征象。

2. 原因

过度紧张是由于一时性运动负荷过大和过于剧烈，超过了机体负担能力而产生的急性病理现象。多发生在运动后即刻或过后不久，以急性心血管损害最多见，在中长跑、长距离越野，以及拉练等训练中较多见。超过机体耐受程度的剧烈运动是引起该病的主要原因。这种病理现象在身体训练程度低、机能状态差和刚开始参加训练的人中最为多见。长期中断训练的人突然或过于迅速投入剧烈运动，以及患有疾病，特别是心脏病、高血压病者，或急性病初愈未完全康复者，勉强完成剧烈运动也可能发生过度紧张。

3. 处置

轻度急性过度紧张，一般不需要特殊处理，经短时间休息后，征象即可消失。有脑缺血征象时，将患者放在平整地面上，取头稍低位置休息，同时注意身体保暖，松解衣领、束带和紧胸衣物，点掐内关穴和足三里穴，饮以热茶。发生昏厥时，可点掐人中、百会、合谷、涌泉等穴位，嗅以氨水或吸氧。在进行上述初步处理的同时，要及时请医生诊治和处置。

针对过度紧张，受训者要重视对体格的检查工作，自觉遵循训练原则，加强身体全面训练，训练水平低或训练基础差、身体病弱的人，要根据身体的实际情况量力而行，不要勉强完成运动负荷。伤病初愈或未完全康复或因其他原因中断训练者，再活动时，要逐渐增加运动量，加强自我监督。

（八）过度训练

1. 症状

过度训练的征象是多种多样的，涉及各个系统和器官，而且因过度训练的程度、个体特性而异。

（1）早期征象。早期过度训练的人一般无特异性症状，很难与大强度训练后正常的疲劳感觉相区别。然而，充分的恢复会使其身体素质改善、训练成绩提高，恢复不足则会导致持续的疲劳感觉。

一般自觉症状：疲乏无力、倦怠、精神不振。对运动的反应：没有训练的欲望或厌烦训练，甚至恐惧训练，训练疲劳出现得早，训练后疲劳加重而不易恢复，训练成绩下降，动作协调性下降。神经系统方面：出现头晕，记忆力下降，精神不集中，易激动，入睡困难、多梦、早醒，严重时则表现为失眠头痛，还出现盗汗、耳鸣、眼花、体位性低血压、食欲减退等症状。过度训练主要反映在神经系统和心理方面。如果上述症状出现后未能引起重视，未采取必要的措施，过度训练就会进一步发展。

（2）晚期征象。如果早期过度训练中的各种不良刺激因素持续存在，病情就会进一步加重。造成这种状况的一个重要原因是组训者和管理人员往往把训练水平提高缓慢（绝大多数是正常速度）归咎于训练不足而超负荷训练。这将会导致受训者心理、生理各系统的严重耗竭，以致没有数周，甚至数个月的休息无法恢复。上述症状则会更加明显，并出现以下一系列全身多系统的异常表现。心血管系统：心悸、胸闷、气短、晨脉明显加快，活动后心率恢复缓慢，心律不齐等。消化系统：除出现食欲不振，饮食下降外，还会出现恶心、呕吐、腹胀泻、便秘等症状，个别人还会出现消化道出血症状。肌肉、骨骼系统：常表现为肌肉持续酸痛、负荷能力下降，易出现肌肉痉挛、肌肉损伤等。下肢过度训练可导致疲劳性骨膜炎、小腿胫前间隔和小腿外侧间隔综合征、应力性骨折、跟腱周围炎。心率：安静时心率较正常时明显增加。一般认为心率较平时增加12次/min以上，应引起注意。血压：晨血压比平时高20%，并持续2天以上或短时间内超过正常值（90/140mmHg），可能是机能下降或过度疲劳的表现。过度训练可出现食欲下降、胃肠功能紊乱的症状，如原因不明的腹胀、腹泻。运动中或运动后可出现右肋部痛。检查时可发现个别飞行人员肝脏肿大，但肝功能正常。

另外，过度训练可使人产生头痛、脱发、浮肿、全身乏力、体重下降（休息、进食后不恢复）、免疫机能低下、血红蛋白尿或血尿、排尿不尽等症状，女飞行人员可出现月经紊乱，严重时出现闭经现象。

2. 原因

过度训练是运动负荷与机体间不相适应，以至疲劳连续累积而引起的一系列功能紊乱或病理状态，也称为过度疲劳。出现过度疲劳的原因如下：

（1）训练安排不合理。未遵守循序渐进系统训练的原则，运动强度过大或运动量过大，缺乏必要的节奏和变化，超过了人体的负担能力。比较常见的现象是组训者为追求体能达标率，没有按实际情况循序渐进安排训练负荷，从而导致过度训练。

（2）训练方法单调、枯燥。有些单位因缺乏相应的航空体育专业人员，对于训练的组织缺乏条理和科学性，训练方法单一，训练负荷过于集中在某些系统和器官，极易造成心理和身体的过度疲劳。

（3）生活规律被破坏。飞行人员在刚进入院校或航空兵部队时，因原有的生活规律被打破，睡眠、饮食等受到一定程度的影响，加上体力消耗过大，容易引起过度训练。

（4）身体机能状况不良。人体在生病和受伤的时候需要更多的休息和更好的营养，此时进行大强度、大运动量训练会造成身体恢复不良。很多过度训练是在感冒后带病训练或训练量过大造成的。

（5）饮食营养不合理。消耗的物质得不到及时的补充，如脱水、热能物质不足、长期缺乏微量元素等，都是加重过度训练程度的因素。

（6）各种心理因素。过度训练是一种身心疾病，各种心理因素也可诱发过度训练。如精神上的打击、感情上的挫折、人际关系不协调、学习训练不顺、训练单调、考核成绩不佳等，都是造成过度训练的诱发原因。过度训练的发生，往往是上述几种原因同时存在所致，并不是单一因素引起的。在相同的训练条件下，是否发生过度训练，取决于多种因素的共同效应。

3. 处置

对过度训练的处理办法主要包括：①消除病因；②调整训练内容和改变训练方法；③加强各种恢复措施；④对症治疗。对早期或较轻的过度训练者，主要是调整训练计划减少运动量和运动强度，缩短运动时间，避免参加剧烈的航空体育训练，但不应完全停止训练以免出现停训后运动水平的迅速下降。同时增加睡眠时间，注意加强营养和热能平衡，食物应含有充足的维生素和矿物质，易消化吸收。对中、晚期或比较严重的过度训练者，一般要停止正常的航空体育训练，应以健身为主或转换训练环境，停止大负荷、大强度的训练；应增加睡眠时间，增加文娱活动，进行积极性休息；采取必要的药物治疗，补充维生素，如复合维生素B、维生素E、维生素C等，也可采用人参、刺五加、三七、枸杞等中药治疗，以及采用按摩、水浴、气功、理疗、心理治疗等恢复手段。

（九）中暑

中暑是指在高温和热辐射的长时间作用下，机体体温调节障碍、水电解质代谢紊乱、神经系统功能损害等症状的总称。运动性中暑是指在高温和通风差的环境或烈日下进行运动或训练时引发的中暑现象。以体温调节中枢功能障碍、汗腺功能衰竭和水、电解质丢失过多为特点。根据发病机制和临床表现不同，中暑可分为热射病型、热痉挛型、热衰竭型和日射病型四种。

1. 发生原因及症状

（1）热射病型中暑。机体在运动时产生大量热，其中1/4用于完成运动，其余均以热的形式储存或散发，当产热或储热超过散热时就会出现体温调节系统的超载。在高温、通风条件差的环境下运动，产热快，散热难，体温调节出现障碍，会突然出现高热。热射病型中暑主要表现为高热、颜面潮红、无汗、皮肤灼热、呕吐，脉搏和呼吸加快，有时还会流鼻血，严重时步态蹒跚，甚至昏迷。

（2）热痉挛型中暑。高温运动时，大量出汗引起人体电解质丢失过多，如果单纯补水，不及时补充电解质，就会使神经肌肉的兴奋性过高而发生肌肉痉挛。热痉挛型中暑主要表现为肌肉痉挛。轻型热痉挛只是对称性肌肉抽搐，重者大肌群也发生痉挛，并呈阵发性。负荷较重的肢体肌肉和腹肌最易发生痉挛。患者意识清楚，体温一般正常。

（3）热衰竭型中暑。高温环境下运动，身体会大量出汗、失水和丢失电解质，加上散热，皮肤毛细血管大量扩张，使回心血量减少，身体有效循环血量下降，导致循环衰竭。热衰竭中暑表现为面色苍白、四肢湿冷、脉搏细弱、血压下降、神志恍惚甚至昏迷。

（4）日射病型中暑。烈日直射下运动，头部缺乏保护，造成颅内温度增高，颅内压增高，使脑组织充血、水肿。日射病型中暑表现为头昏眼花、剧烈头痛、恶心呕吐、神志不清、烦躁不安或昏睡、脉搏细数、体温升高不显著。

2. 现场处理

有中暑先兆时，病人应迅速离开热环境，到阴凉处休息，喝清凉饮料，服十滴水或藿香正气水，可以很快恢复。

有高热者，应降低体温，将患者移到阴凉通风处，静卧，头垫高，松解衣服，可用冷水、酒精或白酒擦身，特别是腋窝和鼠蹊部。

热衰竭者要注意少量多次地口服凉的淡盐水或运动饮料，必要时可静脉注射电解质。

肌肉痉挛者要尽快离开热源，平卧休息，饮服淡盐水，牵引痉挛的机体，并用纱布蘸白酒或白醋在抽筋处反复擦摩。

热射病头痛剧烈者，应用冰袋冰帽冷敷头颈部。

如有昏迷，可刺激急救穴或给氨水闻嗅，针刺或掐点太阳、风池、百会、足三里等穴，并在四肢做重推摩和揉捏，随时注意病人血压和生命体征。有昏迷等较重病人，应先进行急救，并迅速送医院治疗。

3. 预防措施

（1）合理安排训练。在炎热季节安排好训练时间，每次训练一段时间后，至少休息10min。饭后延长午休时间，保证充足的睡眠，训练安排应错开夏季阳光直射的最热时段。应合理安排训练负荷，在炎热气候进行的适应训练，也需要逐步地提高运动负荷和高温环境下的驻留时间。

（2）注意水盐补充。安排好炎热天气训练和比赛（武）时的营养和饮水，注意补充食物中的蛋白质，额外增加维生素 B_1、B_2、C 供给量。组织合理的水盐供应。长时间运动，应注意少量多次补液，训练或比赛（武）后的氯化钠供给量宜从常温下的10~15g增加到20~25g，所需氯化钠可通过含盐饮料、菜汤和盐渍食品提供。

（3）做好个人防护。保证个人有效的睡眠时间，包括夜晚和午休时间。在阳光直射下训练要带防护用品，不要赤裸上身和头部参加训练，避免阳光直射，造成日射病。如果是在高温高湿环境下训练或比赛（武），则除了必须进行适应训练外，少量多次饮水也是非常必要的。

（4）做好医务监督。参训官兵，特别是医护人员应掌握先兆中暑的症状、轻度中暑的合理处置，以及重症中暑现场急救措施。中暑前，机体常会有先兆反应，表现为体温略有升高、头晕头痛、心慌烦躁、全身无力、口干舌燥、恶心、大量出汗等。训练结束后应测一次体温，以预防延迟性中暑的发生。常备解暑药品和添加药物成分的清凉饮料。

（十）运动性贫血

1. 症状

根据我国标准，成年男性血红蛋白测定值低于120g/L，成年女性低于110g/L，红细胞压积最低值分别为40.0%容积、35.0%容积时，均可诊断为贫血。临床上根据血红蛋白减低的程度将贫血分为四级。①轻度：血红蛋白值低于正常值，但高于 90g/L。②中度：血红蛋白值为 60～90g/L。③重度：血红蛋白值为 30～60g/L。④极重度：血红蛋白值低于 30g/L。贫血是多种病因引起的一个征象，而不是独立的疾病，各系统疾病均可引起贫血，排除一般发病原因，由训练因素引起血红蛋白低于正常值的称为运动性贫血。从运动性贫血发生率来看，女性多于男性，年龄小者高于年龄大者。

由于血红蛋白是人类皮肤显色的主要因素，故缺血时皮肤苍白；红细胞的主要功能是携带氧气，故贫血时可出现缺氧及由缺氧所致的代偿表现。贫血的表现取决于贫血的严重程度，一般情况下，当血红蛋白浓度低于 80～90g/L 时才出现症状，然而这与贫血发生的速度有关。急性贫血患者常难耐受缺氧，当失血量为 20%时表现为肤色苍白、直立性心动过速和低血压，而慢性贫血，即使当血红蛋白达 30～40g/L，患者也能生活自理。运动性贫血症状的轻重也取决于贫血产生的速度、贫血的原因和血红蛋白浓度降低的程度。

中度和重度贫血时，由于血红蛋白明显降低，已经影响到运氧能力，这时会出现缺氧引起的一系列症状，主要表现为以下四个方面。

（1）呼吸循环系统。已知 1g 血红蛋白结合 1.36mL 的氧。血红蛋白水平降低会出现血氧降低、机体代偿现象，如心悸、心慌，活动后会加重。由于血二氧化碳分压升高，会刺激颈动脉窦或呼吸中枢出现呼吸急促等表现。

（2）神经系统。出现头痛、头晕、失眠、反应能力降低等症状。

（3）内分泌系统。女飞行人员会出现月经紊乱（稀少、周期缩短或经量过多）或闭经现象。

（4）体征。轻度贫血体征不明显，中度、重度贫血可出现皮肤和黏膜苍白（以口唇、眼睑部较明显）、舌乳头萎缩。贫血较重时出现反甲现象（匙状指），心率加快，心尖部出现收缩期吹风样杂音，较重者可出现肢体浮肿、心脏扩大等体征。

2. 原因

运动性贫血是指由于运动引起血红蛋白浓度下降，红细胞减少，出现暂时性的贫血现象。运动性贫血产生的原因主要有以下几种。

（1）运动引起高血浆容量反应，血红蛋白浓度相对下降（血浆稀释引起的相对性贫血）。航空体育训练，特别是耐力训练可引起血浆容量的明显增加，这是机体对训练的一种适应反应，可增加心脏的每搏量和最大输出量。同时运动训练伴随着的血红蛋白增加的程度较小，因而表现出相对的血液稀释状态即血红蛋白浓度偏低，测试的结果显示贫血。此种情况下虽然单位体积内血红蛋白、红细胞压积降低，但总血量仍是增加，总血红蛋白量也增加。此外，机体还可以通过心输出量来代偿血红蛋白、红细胞压积的相对下降，以保证组织的供血、供氧。

（2）红细胞机械性损伤、破坏、溶血。从事耐力性项目的运动（如长跑、行军等），特别是女飞行员容易发生溶血或血红蛋白尿。这是由于运动时肌肉收缩、挤压、摩擦，特别是足底组织和血管被长时间的磨擦挤压，加上运动时缺氧缺血和组织损伤，引起红细胞膜通透性和细胞形态的改变导致溶血。当溶血发生时，血红蛋白、红细胞压积下降。这时机体就会动员红细胞生成素系统加速红细胞的生成，同时，血液中的血红蛋白结合素与游离血红蛋白结合，生成血红蛋白-血红蛋白结合素复合物。当溶血严重时，血中游离的血红蛋白浓度就会过高，当其超过血红蛋白结合素的结合能力时，多余的游离血红蛋白就由肾脏排出，发生血红蛋白尿。出现血红蛋白尿是机体严重溶血的标志，不但会导致贫血而且会严重损害飞行人员的身体健康。

(3) 血红蛋白的再合成减少。血红蛋白的生成或红细胞的再合成减少或不足,都会引起贫血。血红蛋白的再合成需要有足够的铁、蛋白质、维生素 B_{12} 和叶酸。很多研究认为,运动性贫血与长期缺铁有密切的关系,缺铁或铁摄入不足就会使血红蛋白再合成减少,从而导致贫血。

3. 处置

(1) 病因治疗。对于潜在缺铁的因素如月经过多或其他慢性失血史,要进行针对性的补铁补血治疗。

(2) 饮食治疗。通过合理膳食补充蛋白质、铁等造血原料,以纠正贫血,主要用于轻度贫血和辅助治疗,以及贫血的预防。铁的主要食物来源可分为以下四种。丰富来源,如动物血、肝脏、牛肾、大豆、黑木耳、芝麻酱;良好来源,如瘦肉、红糖、蛋黄、猪肾、羊肾、干果;一般来源,如鱼、谷物、菠菜、扁豆、豌豆、荠菜叶;微量来源,如奶制品、蔬菜和水果。另外维生素 C、肉类、氨基酸等有利于铁的吸收,而茶、咖啡、蛋类、牛乳、植物纤维不利于铁的吸收。

(3) 合理安排运动训练。当女飞行人员的血红蛋白低于 90g/L 时,应停止中等和大强度训练,以治疗为主,待血红蛋白上升后,再逐渐恢复运动强度。当血红蛋白在 90~110g/L 时可边治疗边训练,但训练中应降低训练强度,避免长距离跑等。对重度贫血人员应以休息和治疗为主,应避免在贫血的情况下过度训练,否则会带来不良后果。

(4) 药物治疗。口服补铁药物为主要治疗药物。

(十一) 预防游泳时呛水和耳道进水

1. 呛水

(1) 症状。呼吸道梗阻,呼吸困难,甚至引起窒息,此现象称为呛水。

（2）原因。游泳时，水进入呼吸道，喉头和气管由于受到水的刺激，会发生反射性痉挛。

（3）处置。要预防呛水，主要是多在水中练习正确的呼吸动作，用鼻子或嘴在水中呼气，在水上吸气。只有熟练掌握呼吸技术，才能减少和避免呛水。如果发生呛水，应保持镇静，游泳动作不乱或改用其他泳姿，调整呼吸，呛水的不适感觉就会很快消除。

2. 耳道进水

（1）症状。耳道进水后，容易引起耳道发炎和前庭反应，产生眩晕，应及时排出。

（2）原因。人的耳道内充满空气，游泳时如果把耳道埋在水里或露在水面，水就不会进入耳道。当耳道一半在水里，一半露在水面上时，由于耳道里的空气会被水挤压出来，而发生耳道进水。

（3）处置。①跳空法：右耳道内有水时，可将头偏向右侧，用右腿连续做单脚跳，水即可从耳道流出。左耳道有水时，头向左偏，依照上述方法处理。②吸引法：头偏向有水一侧，用手掌紧压在耳道有水的耳朵上，屏住呼吸，然后迅速将手掌离开，连做几次，水就可被吸出来。③灌引法：用干净水或浓度较低的酒精，灌入进水的耳道，然后再将头侧摆向下，将水一倒而出。

第二节 航空体育运动损伤的预防与处置

运动损伤是指在体育运动中所发生的各种损伤，它是运动保健的重要组成部分。研究和总结运动损伤发生的原因，做好运动损伤的预防工作，掌握常见运动损伤的处置方法，可减少和避免运动损伤，保证体育教学与训练的正常进行。

一、运动损伤产生的原因

一般而言，运动损伤产生的原因可分为主观原因和客观原因。

（一）主观原因

1. 对预防运动损伤的意义认识不足

由于体育运动的组织者、指导者或参加者缺乏必要的预防运动损伤知识，对其意义认识不足，不重视运动损伤的预防，甚至认为"运动损伤是难免的"，而引发各种损伤。

2. 身体素质和机能状况不良

在身体素质差或因睡眠不好、疲劳、患病、带伤或伤病初愈，身体机能状况不良的情况下，如果参加剧烈的体育运动或完成难度较大的项目，可能因肌肉力量不足和弹性较差，关节的灵活性和稳定性弱，以及身体的协调性差而导致损伤。

3. 技术动作不合理

专项技术训练不够，往往对动作要领掌握不好，存在缺点和错误，这类不佳的技术动作，极易违反身体结构、机能特点和运动时的生物力原理，因而容易造成各种损伤。

4. 心理状态不佳

心情不好、情绪不高、对训练和比赛缺乏自觉性和积极性、思想不集中、兴奋性不够，在这些情况下运动，容易受伤。而情绪急躁、急于求成、信心不足、缺乏勇气、胆怯犹豫、自控能力差、赛前过于紧张、场上心慌意乱，损伤的发生率也较高。此外，好表现自己、好胜心强、好奇心大、忘乎所以、不顾主客观条件、盲目或冒失地进行运动，也容易发生各种损伤。

5. 准备活动不当

未做准备活动或准备活动不充分，准备活动违反循序渐进原则或运动负荷过大，准备活动与正式训练、比赛间隔时间过长或与其训练内容结合不好，易造成人员受伤。

（二）客观原因

1. 教学与训练组织安排不当

在教学与训练的组织安排上，可能发生的问题包括：一是不从实际出发，忽视了个体间的差异；二是在运动负荷安排上，不是从小到大、循序渐进、逐步提高；三是在教学与训练中，尤其在进行器械练习时，缺乏必要的保护和细心的指导；四是运动条件差又没有明显的场地分区；五是教学时技术动作不正确，不按规定的区域和方向运动。

2. 运动负荷过大

运动负荷安排不当，尤其是局部负担过大，是专项训练造成损伤的主要原因。例如，为了加快发展下肢力量，在一段时间里过多地安排了跑、跳、负重蹲起等练习，使下肢局部负担过重，造成关节、骨膜等的损伤。

3. 违反规则，动作粗野

运动竞赛时不遵守规则，动作粗野，比赛路线的选择及项目安排不当，比赛时间临时改变等。

4. 场地设备有缺陷

场地不符合要求，如场地不平、过硬、过滑、坑沿过高，场内有碎石杂物。器械不符合要求，如器械年久失修或维护不良，安装不牢固或安放位置不当，以及器械的高低、大小与轻重不符合训练者自身条件的要求。训练时着装不符合体育卫生的要求等。

5. 天气不良，光线不足

气温过高容易产生疲劳，甚至中暑；气温过低使肌肉僵硬，动作协调性差。潮湿的气候易使人大量出汗，影响体内水盐代谢平衡。光线不足或过强造成视神经疲劳，影响视力，使中枢神经、运动神经反应迟钝等。

二、运动损伤的预防

从上述原因可以看出，要预防运动损伤，必须采取综合性措施。

（一）提高思想认识

航空体育教学训练中，必须把安全教育作为一项重要内容。在牢固树立安全第一思想的同时，加强飞行人员的组织性、纪律性，培养他们遵守纪律、团结友爱、互相帮助的高尚品德。

（二）充分做好准备活动

准备活动的内容与负荷，应根据训练内容、个人机体状况、气温等条件而定。准备活动要充分、有针对性。准备活动最后部分内容，应与即将进行的训练内容紧密联系。运动中负担较大和易伤部位，要特别做好准备活动。在教学训练中转换项目或运动间歇时间较长时，应做补充准备活动。准备活动的负荷以感觉身体发热、稍微出汗为宜。在机体兴奋性不高、气温较低或肌肉韧带较僵硬时，准备活动的时间可适当延长。准备活动结束后应迅速转入基本部分训练。

（三）合理安排教学与训练

教学与训练计划的制定和执行应符合教学训练原则。要认真钻研教材,充分了解每次训练课以及训练中易发生损伤的技术动作,了解飞行人员的健康状况和训练水平,课前做好准备,制定相应的措施,施教时加倍注意。要加强基本技术的训练,确实掌握正确的技术动作。要合理安排运动负荷,遵守循序渐进、区别对待的原则,尤其注意不要使身体局部负担过重。

（四）加强易伤部位的训练

在身体全面训练的基础上,注意加强易伤部位及相对薄弱部位的训练,是预防运动损伤的一种积极手段。

（五）加强保护和自我保护

在体育训练中不但要掌握各项目的技术动作,还要学会保护和自我保护的方法。运动中加强保护与帮助可增强练习者的信心,避免意外事故的发生。尤其在体操、专门器械体操等项目训练中,动作比较复杂、幅度大,容易因出现错误而受伤,对初学者或学习新动作时,更应有人保护。保护者要具备熟练的保护技巧,正确的保护位置,同时要具有高度的责任心。练习者也应学会自我保护。例如,摔倒时立刻屈肘、低头、团身,以肩、背着地顺势滚翻,而不要直臂撑地；从高处跳下时,用前脚掌着地并屈膝,以增加缓冲作用。

（六）加强医务监督

体育教学与训练中,教员和航医应密切配合,航医应到场实行医务监督。练习者应做自我监督,当有不良反应时,应及时向教员或航医报告,以获得正确的指导。对场地、器材、设备和防护用具实施严格的卫生监督,对已损坏的场地器材要及时维修,修好前禁止使用,禁止穿不合适的服装和鞋袜进行活动。

三、常见运动损伤的处置

在运动现场，一旦发生损伤，应进行迅速而准确的急救处理，以减轻伤者痛苦、预防并发症和救护伤者生命。常见的运动损伤有开放性损伤和闭合性损伤。

（一）开放性损伤

开放性损伤是指伤处皮肤完整性遭到破坏，有伤口与外界相通。常见的有开放性软组织损伤（如擦伤、刺伤或撕裂伤等）、开放性骨折等。

1. 开放性软组织损伤

（1）症状。主要症状为伤处皮肤或黏膜的完整性遭到破坏，有体液、血液流出。

（2）原因。开放性软组织损伤是由于身体摔倒、碰擦器械、尖状物刺入体内等造成的损伤。

（3）处置。初步处理时，注意保护伤口，可暂时用干净的纱布或毛巾等物覆盖、包扎伤口以防感染，并迅速到医院诊治。

轻度损伤可用生理盐水冲洗，再用红药水或龙胆紫药水涂抹。较严重的损伤，需清洗伤口，并用抗菌素治疗。伤口大者还需要及时缝合、包扎，对可能受到污染的伤口，应及时注射破伤风抗菌素。伤口处理后，要注意护理，停止伤口局部活动，直至伤口痊愈。

2. 开放性骨折

（1）症状。主要症状为骨折端穿破皮肤，直接与外界相通，并伴随大量出血。这种骨折容易感染，发生骨髓炎与败血症。

（2）原因。运动中，身体某部位受到直接或间接的暴力撞击，使骨的完整性遭到破坏时，可能造成开放性骨折。

（3）处置。骨折后，不要移动伤肢，先止血，后包扎伤口。包扎时不要把露出伤口的骨片放回伤口内，以免感染。包扎后用夹板或绷带做临时固定。经以上初步处理后，立即送往医院诊治。

（二）闭合性损伤

闭合性损伤是指伤处皮肤仍保持完整，无伤口与外界相通，常见的有闭合性软组织损伤（如挫伤、肌肉拉伤、关节扭伤、腱鞘炎等）、疲劳性骨膜炎、闭合性骨折和脑震荡等。

1. 闭合性软组织损伤

（1）症状。伤处皮肤与黏膜仍保持完整，无伤口与外界相通，其症状主要有疼痛、肿胀、活动受限等。

（2）原因。闭合性软组织损伤是由于身体局部突然受力或长时间受力，以及违反人体生理结构而造成的损伤。

（3）处置。轻者减少或停止受伤肢体的局部活动，或做局部固定。重者应及时采用冷敷、局部加压包扎、抬高患肢。待24h后，可根据伤情采取综合治疗。对肌肉韧带严重撕裂或关节严重扭伤者，加压包扎急救后，应立即送往医院诊治。

1）挫伤

（1）症状。单纯肌肉挫伤，局部出现疼痛、肿胀、皮下瘀斑、压痛和功能障碍等症状。严重的复杂性挫伤有合并症时，可出现全身症状或某些特殊体征。例如，头部挫伤可出现脑震荡症状，或出现剧烈头痛和喷射性呕吐等颅内高压的症状；胸、背挫伤可出现呼吸困难，以及血胸和气胸症状；腹、腰部挫伤合并内脏损伤可出现休克症状；股四头肌、腓肠肌严重挫伤引起肌肉断裂而出现肌肉断端隆起，断裂部明显凹陷等。因此，应根据暴力大小和受伤部位判断伤势的轻重。

（2）原因。在航空体育训练时互相冲撞或被踢打，或身体某部位碰在器械上皆可发生局部挫伤。挫伤多发生于单双杠、器械、篮球、足球、格斗、障碍等运动项目中。损伤的程度与作用力的大小及组织器官的结构特性有关。轻度挫伤以皮肤、皮下组织损坏、淋巴管与小血管破裂为主要病理变化；严重挫伤可引起肌肉部分肌纤维损伤或断裂，组织内出血产生血肿或并发脑组织和内脏器官的损伤。

（3）处置。对于一般挫伤可采用急性闭合性软组织损伤处理原则。如在局部冰敷后外敷药物，加压包扎、抬高患肢。头部挫伤伴有脑震荡或喷射性呕吐、剧烈头痛等颅内高压症状者、腹部和睾丸挫伤伴有休克者应首先进行急救处理，并及时送医院抢救治疗。股四头肌、腓肠肌的严重挫伤伴肌肉断裂者，多有严重出血的情况，应将肢体适当固定后及时送医院进行治疗。

2）肌肉拉伤

肌肉主动强烈收缩遇阻或被动过度拉伸所造成的肌纤维损伤，部分撕裂或完全断裂称为肌肉拉伤。

（1）症状。根据肌纤维损伤的程度不同，肌肉拉伤可分为三级。

第一级为仅有少数肌纤维撕裂，其周围的筋膜完好无损，纤维的断裂只在显微镜下能见到，肌肉在抗阻力收缩或被动牵拉时有疼痛，在开始的 24h 内可见到轻度肿胀与皮下瘀斑。

第二级为部分断裂，有较多数量的肌纤维断裂，筋膜可能也有撕裂，肌肉与肌腱连接处有部分断裂，伤者有肌肉拉断的感觉，并可听到"啪"的断裂声，常可摸到肌肉略有缺失与下陷。

第三级为肌纤维完全断裂，受伤时有剧痛，并能摸到明显的缺失，拉伤的肌肉功能丧失。

（2）原因。准备活动不当，肌肉的生理机能尚未达到适应运动需要的状态；训练水平不够，肌肉的弹性和力量较差，疲劳或过度负荷使肌肉能力降低，力量减弱，协调性下降；错误的技术动作或运动时注意力不集中,动作过猛或粗暴;气温过低,肌肉僵硬;空气湿度过大,场地和器械的质量不良等都可能引起肌肉拉伤。主动收缩遇阻拉伤:肌肉做主动的猛烈收缩时,收缩力超过了肌肉本身所能承担的能力而发生拉伤。如跳远时用力蹬地,或短跑时大腿屈曲用力后蹬致腘绳肌拉伤。肌肉拉伤在肌纤维缩短或拉长时均可能发生。被动牵拉伤:在做"压腿""劈叉""拉韧带"等练习时肌肉被暴力牵拉,超过了肌肉本身特有的伸展性而损伤。

伤部疼痛、肿胀、压痛,可有肌肉紧张或痉挛,触之发硬,功能受限或障碍。受伤肌肉主动收缩或被动拉长时疼痛加重,肌肉抗阻力试验呈阳性。肌肉断裂者可感觉到或听到断裂声,肿胀明显,皮下淤血严重,局部可触到凹陷或一端异常膨大。肌肉轻度拉伤有时会与运动后的延迟性肌肉酸痛相混淆。一般肌肉拉伤大多有外伤史,症状在受伤即刻或稍后的时间出现,疼痛的性质趋于锐痛,疼痛范围小,最痛点常局限于伤处,继续活动时则症状会加重。肌肉延迟性酸痛无外伤史,症状发生在休息一段时间(一般是24~48h)以后,疼痛性质为酸痛或胀痛,疼痛范围广,常涉及有共同功能的一组肌肉,继续活动时症状不加重。

(3)处置。肌肉损伤及肌痉挛者,取局部阿是穴及邻近腧穴用针刺疗法可取得显著疗效。肌纤维部分断裂者在伤后早期按闭合性软组织损伤的处理原则进行冰敷、加压包扎,将患肢置于肌肉松弛的状态。48h后开始按摩,手法要轻缓。此时,应将患肢改置于使肌肉牵张位固定1周,以免受伤肌肉粘连或挛缩,导致日后肌肉被动伸展不足。怀疑有肌肉、肌腱完全断裂者,应在局部加压包扎固定患肢情况下,立即送医院诊疗。

3)脚踝扭伤

踝关节的解剖结构和生理机能的特点决定了其韧带损伤以外侧韧带损伤最为突出。多因跳起落地时踩在不平的地面或他人脚上，或身体失去重心、被踩等原因，造成踝关节内旋、足跖屈内翻位受力致伤。

（1）症状。严重的踝关节扭伤可发生韧带断裂，合并胫距关节脱位，或伴有距间韧带损伤及跟距关节脱位。有明显的足突然内翻或外翻的扭伤史，损伤后踝关节外侧或内侧疼痛，走路及活动关节时最明显。踝关节外侧或内侧出现迅速的局部肿胀，并逐渐波及踝前部及足背。可出现皮下瘀斑，以伤后2~3天最明显。

（2）原因。踝关节扭伤占关节韧带损伤的首位。由于踝的跖屈肌群的力量比背伸肌群大、内翻肌群力量比外翻肌群大，加之外踝比内踝长，内侧三角韧带比外侧3条韧带强，因此，跖屈、内翻比背伸、外翻活动度大。此外，距骨体前宽后窄，当足跖屈时，踝关节较不稳定。在跑跳运动中人体离开地面处于腾空阶段，自然就有足跖屈内翻的倾向。如果落地时身体重心不稳向一侧倾斜，或踩在他人的脚上、球上，或高低不平的地面上，均会造成足的前外侧着地而引起足的过度跖屈和内翻，导致外侧副韧带损伤。外侧韧带损伤约占整个踝关节扭伤的80%以上，如果落地姿势不正确，身体重心向内侧偏移使踝关节突然外翻，则会导致内侧三角韧带损伤。

（3）处置。对于包括踝关节扭伤在内的急性闭合性软组织损伤，在伤后24h或48h内，以止血、止痛、防肿、制动和减轻炎症反应为治疗原则，具体方法如下：

① 即刻冷敷：冷敷可采用冰敷、冷水浸浴或冰水浸浴的方法。

② 加压包扎：用适量厚度的棉花或海绵放于伤部，然后用绷带加压包扎。

③ 抬高患肢：把伤肢抬高至高于心脏10~20cm处，利于血液回流。

④ 适当制动：受伤部位应充分休息，避免负荷刺激。

还可使用止痛药物治疗，如云南白药气雾剂等。疑有踝关节韧带完全断裂或合并有踝部骨折者,经现场急救处理后及时转送医院进一步诊治。

2. 胫腓骨疲劳性骨膜炎

疲劳性骨膜炎又称为应力性骨膜炎,是一种过度使用性损伤。胫(腓)骨疲劳性骨膜炎是新学员体能训练中发病率很高的一种损伤,又称为"新兵腿"。

1) 症状

(1) 疼痛。常在运动后发生,多为局部钝痛或刺痛,有的在训练后可出现搏动样疼痛,腓骨骨膜炎疼痛多在离下端10cm附近;胫骨骨膜炎的疼痛常位于中下1/3内侧缘及前骨面。

(2) 肿胀。局部多有凹陷性水肿。早期肿胀面积较大。

(3) 压痛。压痛为骨膜炎的主要特征。在骨面上能摸到压痛点,其压痛部位常可触及单一或串珠样结节。

(4) 后蹬痛。胫腓骨骨膜炎和跖骨骨膜炎患者常有后蹬痛。

(5) 局部灼热。早期可有局部皮肤发红,触之有灼热感。有的患者夜间灼热感受更为明显。

(6) X射线检查。早期骨膜无明显改变,以后逐步出现骨膜增生、骨皮质边缘粗糙、增厚、骨质疏松、骨纹理紊乱等现象。

2) 原因

在航空体育训练中,训练水平差、动作不正确,以及运动量突然加大,或训练场地太硬等原因,均可导致胫腓骨疲劳性骨膜炎的发生。如新学员一段时间内过多地跑、跳,小腿的肌肉长期处于紧张状态产生疲劳,或场地过硬使小腿受到较大的反作用力,增加了局部的负荷等,均会使胫骨、腓骨或跖骨发生疲劳性骨膜炎。多数研究认为,疲劳性骨膜炎是由于剧烈活动时,肌肉附着部的骨膜长期受到牵扯使该部骨膜组织松弛或分离,骨膜充血、淤血和水肿,血管扩张,骨膜下出血,形成骨膜炎。也有学者认为,在跑跳或支撑时，身体的重力和与地面的反作用力作用于骨弯曲度的凸面（如胫骨前面），引起骨外膜内层中的成骨细胞分裂增生，从而导致局部反应性炎症。青少年在发育阶段，骨承重时骨膜反应较成年人明显，发病率较高。疲劳性骨膜炎是骨的反应性炎症，在急性炎症阶段如能调整运动量，减少局部负荷，并给予适当治疗可使炎症消退，组织修复，从而由不适应转化为新的适应，并可使负荷能力提高。否则，有可能使病情进一步发展，甚至产生疲劳性骨折。

3）处置

早期或症状轻者，应适当减少局部运动量、调整训练课内容。伤肢局部以弹性绷带包扎。随着训练负荷能力的提高，经 3~4 周后症状可自行消失。症状严重者，除减少局部负荷外，可先冰敷，然后外敷新伤药并加压包扎。1 周后，改用温水浸浴配合按摩治疗，点压阿是穴及附近的穴位。待症状缓解后，逐步增加局部负荷，但仍应避免做单一的、长时间的跳跃或支撑动作。

经以上处理后，如局部症状无改善甚至加剧者，应考虑是否有疲劳性骨折，需做 X 光加以确诊。

3. 腰椎间盘突出症

腰椎间盘突出症，又称腰椎间盘髓核突出症，是常见的腰痛病之一，是引起下腰痛和腰腿痛的重要原因。该伤常见于负重训练（如蹲杠铃）过多，腰部局部负荷过重或长期保持固定姿势的职业。

1）症状

（1）腰痛：主要是下腰痛、腰骶部痛，多为持续性钝痛或痉挛样剧痛，轻重不一。腰痛于受伤后立即出现，呈胀痛、撕裂样痛，并伴有腰肌痉挛僵硬、活动受限、行走起坐困难。部分病人于伤后 1~3 周才出现腰痛，逐渐加重至剧烈疼痛，翻身起坐困难；卧床休息后渐轻或消失，但经常反复发作。

（2）沿坐骨神经放射痛：腰痛之后逐渐出现腿痛，单侧或双侧坐骨神经放射痛。也有腰痛出现的同时伴有腿痛，先从臀部开始，渐渐放射至大腿后侧、小腿外侧及足背外侧痛，呈刺痛、灼痛。站立行走、咳嗽、打喷嚏、大小便时，腹内压增高均可使腰痛加重。屈髋屈膝或卧床休息可使疼痛减轻。弯腰活动受限、下蹲困难。

（3）主观麻木感：由于神经根受压，病人出现下肢麻木，多表现于小腿后侧、足背、足跟及足底等部位麻木，发冷发凉。

2) 原因

多数因一次急性的严重弯腰转体暴力所致，使椎间盘的纤维环后外侧最薄弱处部分破裂或完全破裂。少数是长期反复轻伤积累的后果，使椎间盘发生退行性变性，而造成纤维环后外侧破裂，髓核组织从破裂处突出（或脱出）于后方或椎管内，导致相邻的组织受刺激或压迫，从而产生腰部疼痛，一侧下肢或双下肢麻木、疼痛。

3) 处置

（1）早期卧床休息：卧硬板床3~4周，这样能减少脊柱的活动和负荷，减少髓核的突出，减轻对神经根的压迫或对神经根的牵拉刺激等，从而腰腿痛症状渐渐缓解和消失。

（2）佩戴腰围：使用腰围旨在制动，即限制腰椎的前俯后仰运动，有利于腰椎间盘处的休息。

（3）物理治疗：药物治疗和手术治疗。

4. 足底水泡

（1）症状。脚底出现不同形状的白色或红色表皮的泡，表皮内有组织液渗出及出血。

（2）原因。脚泡的产生是由于脚底汗湿，表皮软化，足掌长时间着力和摩擦，促使局部组织液渗出而形成，常与鞋袜、行走的道路不平和速度不匀，以及缺乏训练等因素有关。长时间徒步行军或重复进行长跑练习，可能会使足底磨出水泡。

（3）处置。如果脚磨出了泡，可先用热水烫脚 5~10min，擦干；然后用碘酒或酒精将脚泡局部进行消毒，再用消毒的针（针可用煮沸的水或酒精浸泡，或用火烧一下）刺破脚泡，挤出泡内液体，贴上"创可贴"。切记：处理脚泡时，勿剪去泡皮，以防感染。

5. 关节脱位

由于暴力作用，使关节的关节面失去正常的相互关系，称为外伤性关节脱位。

1）症状

脱位时，伤员往往能听到关节内有碎裂声；受伤关节剧烈疼痛；关节功能丧失；关节变形，正常关节隆起处塌陷，而正常关节凹陷处反而隆起、突出（如肩关节前脱位时出现的"方肩"，肘关节后脱位时出现的尺骨鹰嘴向后突出）。

2）原因

训练损伤的关节脱位多见于肩关节及肘关节。摔倒时，上臂外展，手或肘着地，可发生肩关节前脱位。若肘关节微屈，手掌撑地，则可发生肘关节后脱位。关节脱位在体操练习中较为常见。

3）处置

有休克症状者，应先避免出现休克，方法如骨折所述；在脱位所形成的姿势下固定伤肢。

（1）肩关节。伤肢肘关节屈曲90°，用一条大三角巾悬挂前臂，悬臂带直接斜挎胸背部，于健侧缚结；另一条三角巾折成宽带，绕过患肢上臂，于健侧腋下打结。迅速送伤员到医院复位。

（2）肘关节。肘关节不可能弯曲成90°，只能使伤肢尽量靠近躯干，再用三角巾包扎固定。固定方法和肩关节脱位所述相似。

6. 闭合性骨折

骨的完整性遭到破坏，称为骨折。骨折可分为闭合性骨折与开放性骨折。闭合性骨折是伤口没有和外界相通，继发感染机会少。

运动中发生的骨折常为闭合性骨折。

1）症状

骨折时有碎裂声，伤者偶能听到；剧烈疼痛，骨膜撕裂、肿胀、肌肉痉挛所引起；肿胀及皮下瘀血；骨折周围软组织损伤，血管破裂所引起；软组织大部位的骨折，肿胀及皮下瘀斑不明显；功能障碍，肢体不能运动、站立、行走；压痛及骨擦齐。骨折端或撕脱处有明显锐痛，偶因骨端或骨折片互相接触面出现骨擦音。检查时不要有意去寻找骨擦音以增加伤员的痛苦；X光检查，常能对骨折作出正确的判断。严重骨折还会有肢体变形，休克、神经损伤等症状。

2）原因

（1）直接暴力。骨折发生在暴力直接作用的部位。如单杠大回环时因动作失误，胫骨砸在杠上而发生胫骨骨折。

（2）间接暴力。骨折发生在接触暴力较远的部位。如摔倒时手撑地而发生锁骨骨折。

（3）强烈的肌肉收缩。如提起杠铃时突然的翻腕动作，可因前臂屈肌强烈收缩而发生肱骨内髁撕脱性骨折。

（4）应力性骨折。由于骨膜反复受到牵拉，或骨质长期受到较大支撑面的反作用力的作用而引起，如长期在水泥地上跑步，下肢易发生应力性骨折（疲劳性骨折）。

3）处置

为了避免骨折端造成新的损害刺伤血管、神经及周围软组织，预防休克，减轻疼痛，便于转送，要做适当的固定。有休克症状者，应先抗休克。抗休克的措施是取头低脚高平卧位、保暖；迅速请医务人员到现场给氧或镇痛药。休克期过后，用长短合适的夹板或代用品（木尺、树枝、硬纸板等）固定伤肢，或把伤肢与伤者的躯干或健肢固定在一起，固定肢体时松紧要合适。骨折一经固定，立即送往医院治疗。如为开放性骨折，应尽快用无菌布敷料包扎，不要移动露在伤口外的骨端与碎骨。

4）急救用品代用法

各种急性病症的发生，很难预料是在什么时候、什么地点，就是平时准备了急救箱，但也不可能随身带到发生事故的现场，下面介绍急救用品的替代法，以期应急处理时派上用场。

（1）操作要领。

① 长筒袜子。不管穿在身上的还是旧的，均可在应急处理时作绷带用。

② 领带。骨折时可以作固定夹板用或作止血带用。

③ 浴巾。上肢骨折时可作三角巾用。

④ 手帕、手巾。出血时可用作止血，也可作冷湿敷用。

⑤ 此外，杂志、尺子、厚包装纸、伞、手杖均能在骨折时起到夹板作用。

（2）注意事项。

① 乘坐汽车发生事故时，用坐罩止血是不干净的，为了防止感染，车内应常备急救箱，以防万一。

② 不管用什么物品来替代止血带止血，都应在替代品上标明止血的时间，每隔40min放松一次。因为采用这种方法止血后，如不定时放松止血带，会引起远端坏死，甚至截肢。

③ 当用木棒、裁尺、木板、手杖、厚杂志等替代品当夹板用时，其外边最好再用毛巾之类包衬一下，使患部得到充分固定。

7. 溺水

1）症状

水经口鼻进入肺内，造成呼吸道阻塞，或因吸水的刺激引起喉痉挛，使气体不能进出，引起窒息，时间稍长，就有生命危险。

2）原因

在游泳训练中出现抽筋或呛水时，就可能出现溺水情况。

3）处置

溺水者被救上岸后，首先应迅速清理口鼻内的分泌物及其他异物，以免坠入气管引起窒息。随后立即进行控水，急救者一腿跪地，另一腿屈膝而立，将溺水者伏在其膝盖上，使其头部下垂，按压其腹、背部，使溺水者口、嘴及气管内的水排出。也可采用控水，但控水时间不宜过长，否则会丧失心肺复苏的良机。

控水后立即检查溺水者呼吸、心跳情况，如果心跳、呼吸都停止了，应就地进行人工呼吸和心脏按压术。有条件时可以在运输工具上施行复苏术，同时将病人送往就近的医疗急救单位，切忌不作任何抢救就将溺水者送往医院，因为这样会使溺水者脑缺氧时间过长，无法挽救。

在一些严重的意外事故中，如溺水、外伤性休克等，可能出现呼吸和心跳骤停，不及时抢救，伤者将很快死亡。人工呼吸和胸外心脏按压为现场复苏急救的重要手段。

（1）人工呼吸。人工呼吸系借人工方法来维持机体的气体交换，以改善缺氧状态，并排出二氧化碳，为自主呼吸的恢复创造条件，口对口人工呼吸法比较简便有效，而且可以同时进行胸外心脏按压。施行时，使伤员仰卧，松开领口、裤带和胸腹部衣服，清除口腔内异物。急救者一手的掌尺侧置于病人前额，使其头部后仰，其拇指和食指捏住病人鼻孔，以免气体外溢。另一手置于病人颈后，将颈向上托起，保持气道通畅。然后深吸气张嘴去套住病人的嘴并紧贴住向里吹气。每次吹气量应为 800～1200mL，吹气按 16～18 次/min 的频率进行。

（2）胸外心脏按压。此法系通过按压胸骨下端而间接地压迫左右心室腔，使血流入主动脉和肺动脉，建立有效的大小循环，为心脏自主节律的恢复创造条件。操作时，使患者仰卧于硬板床上或地上，急救者以一手掌根部置于患者胸骨的中、下 1/3 交界处（注意非剑突处），另一手交叉重叠于其手背上，肘关节伸直，充分利用上半身的重量和肩、臂部肌肉的力量，有节奏地、带有冲击性地垂直按压胸骨，使之下陷 3～4cm。每次按压后随即迅速抬手，使胸廓复位，以利于心脏舒张。频率为 60～80 次/min。

操作中，如能摸到颈动脉或股动脉搏动，上肢收缩压达 60mL 汞柱以上，口唇、牙床颜色较前红润，或者呼吸逐渐恢复，瞳孔缩小，则为按压有效的表现，应操作至自主心跳出现为止。

对呼吸心跳均停止的伤员，应同时进行上述两项急救措施。如为单人操作，按压频率与吹气之比为 15∶2 反复交替进行。两人操作时，一人按压，另一人吹气，每按 5 次，吹气 1 次，交替进行。进行心肺复苏急救时，应沉着、冷静、迅速，急救一经开始，就要连续进行，不能间断，一直做到伤员恢复自主呼吸心跳或确定死亡为止。在抢救的同时，应迅速请医生来处理。

8. 脑震荡

（1）症状。头部受打击后，立即发生意志丧失（昏迷）数秒至 20～30s 不等。伤员呼吸表浅、脉搏缓慢、肌肉松弛、瞳孔放大但对称。清醒后，患者常忘记受伤的情景，并常伴有头晕、头痛、恶心和呕吐等症状。

（2）原因。脑震荡是指大脑神经细胞和神经纤维受到震荡后所引起的意识和机能一时性障碍，短期内可恢复。头部受到硬物打击或与硬物碰撞（如头部受到湿的足球、垒球的打击，或摔倒时头部撞地面等情况），都可能发生脑震荡。

（3）处置。立即将伤员平卧，头部冷敷，身上保暖。昏迷者可刺激人中穴（上唇中间的沟内）。呼吸障碍者做口对口人工呼吸。当伤员出现昏迷时间超过 4min，瞳孔扩大，耳、口、鼻出血，眼球青紫，或伤员清醒后，呕吐剧烈，再度昏迷，说明伤势较重，应迅速送医院处理。在伤清醒后应卧床休息两周或更长时间，一定要到头痛、头晕症状消失为止。活动过早，常有头痛、头晕、血压增高等后遗症。在伤员康复后期，用"闭目举臂单腿站立平衡试验"以决定是否能参加较大强度的训练，如能保持平衡，表明已康复。

9. 冻伤

（1）症状。轻度冻伤早期症状是充血和水肿，皮肤呈现紫色或红色斑块，并出现疼痛、痒、麻木等；中度冻伤会出现水泡；严重冻伤其损伤可深达肌肉，皮肤呈青紫或黑紫色，局部感觉完全消失。轻度冻伤，经放在温水中复温后，局部可涂冻伤膏，并注意患部的保暖和清洁；中度冻伤，可刺破水泡，涂抹紫药水或消毒软膏后再包扎；严重冻伤，应及时送医院诊治。

（2）原因。冻伤是机体的某一部分组织因寒冷的侵袭而出现的局部损害，冻伤常发生于身体的末稍，如手指、鼻子、耳朵、脚趾和脚跟等处。机体组织在寒冷条件下，局部暴露的时间过长均易冻伤。

（3）处置。预防冻伤最积极有效的措施是：坚持秋冬季节户外体育锻炼，增强机体的耐寒能力；服装要保暖、合适，不要过紧，以免影响血液循环；运动后或运动间歇时要避免潮湿及时穿衣，特别注意身体裸露部分的保暖；在户外低温条件下不要长时间静止不动等。

第三节 航空体育训练的疲劳与恢复

疲劳问题是影响部队连续作战的一个重要因素。重点是加强人-武器装备-战场环境等作战系统中人的环节，增强飞行人员的连续作战能力。航空体育训练是增强飞行人员抗疲劳能力的重要手段之一。科学控制航空体育训练中疲劳产生与恢复的过程，可以有效提高飞行人员对战争环境的身心适应能力。因此，深入分析疲劳产生的原因、把握疲劳判断方法、及时采取疲劳恢复手段，对于提高训练效果十分重要。

一、疲劳的分类

对疲劳的划分标准不同，产生的分类方法也不相同。根据疲劳发生的部位，将疲劳分为全身性疲劳和局部疲劳；根据疲劳发生的生理机制，将疲劳分为中枢疲劳、外周疲劳和混合疲劳；根据疲劳发生的症状表现，将疲劳分为心理疲劳和身体疲劳。

（一）全身疲劳与局部疲劳

全身疲劳是指由于运动使全身各器官机能水平下降而导致的疲劳，也称整体疲劳。如野外综合训练、足球比赛、篮球比赛、比武竞赛等可造成全身疲劳。局部疲劳是指身体某一局部因持续运动导致机能水平下降而产生的疲劳，也称器官疲劳。例如，长时间飞行，容易造成听觉器官和视觉器官的疲劳。全身疲劳和局部疲劳密切相关，局部疲劳可以发展为全身疲劳，而全身疲劳往往包括以某一器官为主的局部疲劳。

（二）中枢疲劳与外周疲劳

中枢疲劳发生的部位起于大脑，止于脊髓运动神经元。研究表明，人体在稳定状态下运动时，大脑中的生化变化不大，但人体出现疲劳而机能下降时，中枢神经系统就会出现抑制。主要表现为：ATP 浓度下降，脑中某些氧化酶活性出现抑制；血液中色氨酸和支链氨基酸比值下降，会使脑中 5-羟色氨水平上升，造成对大脑的抑制；运动时造成体内氨基酸和嘌呤核苷酸循环加强，脑中氨含量增加。外周疲劳发生的部位起于神经-肌肉接点,止于骨骼肌收缩蛋白。神经肌肉接点做功能力下降是外周疲劳发生的第一个原因。对于航空体育项目来讲,主要是长时间训练后,乙酰胆碱在接点后膜的堆积,导致肌肉缺乏正常的兴奋、舒张交替,做功能力下降。肌细胞膜通透性增加是造成外周疲劳的第二个原因。主要是因为长时间体能训练产生的自由基数量增加,自由基攻击细胞膜使其完整性遭到破坏,通透性增加。肌浆网流通紊乱是造成外周疲劳的第三个原因。因为长时间体能训练造成对钙通道的控制能力降低,出现钙离子在细胞内外的流通紊乱。代谢产物堆积是外周疲劳产生的第四个原因。因为长时间大强度的体能训练使能源物质大量耗竭、代谢产物大量增加。飞行人员在进行诸如长跑、野外综合训练、游泳、攀登等训练时,不仅使 ATP 储量下降,肌糖原和肝糖原也大量消耗,甚至会造成血糖水平下降,进一步引起中枢疲劳;代谢产物的堆积主要是指乳酸水平和氨含量的增加。

(三)心理疲劳与身体疲劳

疲劳一般分为心理疲劳和身体疲劳。心理疲劳是由于心理活动造成的一种疲劳状态,其主观症状有注意力不集中,记忆力障碍,理解、推理困难,脑力活动迟钝、不准确。行为改变表现为动作迟缓,不灵敏,动作的协调能力下降,失眠、烦躁与不安等。身体疲劳是由身体活动或肌肉活动引起的,主要表现为运动能力的下降。身体疲劳分为全身的、局部的、中枢的、外周的等类型。身体疲劳常因活动的种类不同而产生不同的症状。在航空体育训练中,身体疲劳和心理疲劳是密切联系的,故航空体育训练疲劳是身心的疲劳。总之,航空体育训练中出现疲劳不只是一个部位的问题,也不是某一个环节的问题,而是整个代谢过程出现了紊乱。对于航空体育训练疲劳的正确认识,有利于解决飞行人员疲劳状态,为提高飞行人员身体的抗疲劳能力做出更多的努力。

二、疲劳的判断及调控

（一）疲劳的判断

航空体育训练疲劳判断指标和作业能力预测研究是抗疲劳研究的重要部分。运动疲劳的准确判断，要依赖于多种反馈信息的综合分析，就现有条件较为切实可行的方法有以下三点。

1. 心率（HR）

心率是评定军体训练疲劳最简易的指标，一般常用基础心率、运动中心率和运动后恢复心率对疲劳进行评价。

（1）基础心率。基础心率是基础状态下的心率，即清晨、清醒、起床前、静卧时的心率，一般用脉搏表示，机体机能正常时基础心率相对稳定。如果大运动负荷训练后，经过一夜的休息，基础心率较平时增加 5~10 次/min 以上，则认为有疲劳累积现象；如果连续几天持续增加，则应调整运动负荷。在选用基础心率作为评定疲劳指标时，应排除惊吓、噩梦、睡眠等其他因素的影响。

（2）运动中心率。可采用遥测心率方法测定运动中的心率变化，或用运动后即刻心率代替运动中的心率。按照训练-适应理论，随着训练水平的提高，完成同样运动负荷时，心率有逐渐减小的趋势。一般情况下，在同样强度的定量负荷运动中，如果心率增加，则表示身体机能状态不佳。

（3）运动后恢复心率。人体进行一定强度运动后，经过一段时间休息，心率可恢复到运动前状态，身体疲劳时，心血管系统机能下降，可使运动后心率恢复时间延长，因此，可将定量负荷后的心率恢复时间作为疲劳诊断指标，如进行 30s 内 20 次深蹲的定量负荷运动，一般心率可在运动后 3min 内恢复至运动前水平，而身体疲劳时，恢复时间会明显延长。

2. 运动表现

主要是通过视听觉，观察受训者承受负荷过程中所表现出来的神、色、形态和呼吸节律来判断运动负荷情况。如面色苍白、颞部出现盐迹、呼吸节律紊乱等，表明负荷过大。

3. 自我主观感觉

主观感觉是自我评价身体疲劳的重要依据，航空体育训练后虽然工作能力下降，但自我感觉身体轻松、舒畅，食欲和睡眠状况良好，有舒服的疲劳感，并有继续运动的愿望，说明这种疲劳是正常反应，可以保持原负荷强度继续坚持训练。如果运动后，出现头晕、恶心、胸闷、失眠、皮肤灼热、口渴严重、不想吃东西、厌恶运动等现象，表明身体疲劳程度较深，超过身体的承受能力，应及时地减小运动量，或短暂地停止运动。

（二）疲劳的调控

1. 合理调控运动负荷

航空体育训练时，依据课程设计和教案运动量的安排，当飞行人员出现训练疲劳时可适当进行调整。当运动负荷过大时，应及时采取应急措施，其主要方法有以下几种。

（1）减少练习密度。减少重复练习次数和时间，例如，以同样的速度重复做 100m 跑，要比做 1 次的运动量大。

（2）减少运动强度。运动强度与运动负荷成正比。在规定的时间内，快速跑要比慢跑强度大；同样的路程用不同的时间来完成，其运动强度也不尽相同。例如，以 5min 跑完 1500m 要比 6min 跑完的运动强度大。

（3）改变动作难易程度。例如，练习固定滚轮重心左右移动时，若练习时间和次数相等，在地面做重心左右移动练习，要比在器械上做重心左右移动练习的难度和运动量要小。

（4）改变练习条件。如改变场地的大小，改变器材的重量、高低，以及用代制品进行变换条件的练习，都可以增大或减小训练的运动量。

2. 合理补充能量，适当补充水和维生素

（1）调整饮食结构。飞行人员出现训练疲劳时，机体内乳酸和丙酮酸堆积，三大能源物质消耗殆尽，如不及时补充营养，恢复体力，将影响后续训练，难以完成飞行训练任务。调整饮食结构，加强饮食营养是飞行人员消除疲劳不可忽视的一项措施。碳水化合物包括糖和淀粉，在人体内分解成葡萄糖，是肌肉最直接的能量来源。但碳水化合物中的糖多以多糖结构存在，分解需要一定的时间，为使训练疲劳快速恢复，应适当补充单糖，如葡萄糖、苹果、梨、芒果、荔枝等。补充高蛋白低脂肪食品，能加速消除疲劳，例如，豆制品、牛肉、鱼、禽蛋、牛奶等食物蛋白质含量丰富，在航空体育训练后应增加进食。补充碱性食物，如新鲜蔬菜、瓜果、豆制品、乳类和动物肝脏等，这些食物经过人体消化吸收后，可以使血液酸度迅速降低，中和平衡达到弱碱性，有助于消除疲劳。

（2）补充维生素。为尽快消除飞行人员训练后的疲劳，可口服维生素 C、E、B_1、B_2、B_{12}，也有助于人体内积存的代谢产物清除。此外，在饮食方面注意多食含维生素 B、C 的食物。维生素 B、C 可防止糖代谢障碍，加快乳酸堆积的消除，加速身体机能恢复，减轻疲劳。

（3）补水。水是人体赖以生存最重要的物质，人体正常的新陈代谢、营养运输、酸碱平衡，以及体温的调节都离不开水。运动中大量出汗导致人体缺水，甚至出现脱水和无机盐的缺失，致使机体机能下降导致疲劳。当脱水占体重2%时，机体的耐热能力降低，脱水4%时肌肉耐力降低，严重的脱水可使体温过高和循环衰竭以致死亡。因此，适量补水对运动疲劳的恢复非常重要。运动后补水应采取少量多次的方法，饮水量一次不超过200mL，间隔15min，忌饮用过凉的水，以免引起胃肠平滑肌痉挛和胃肠功能紊乱。

3. 睡眠保障

睡眠是疲劳恢复的主要方式之一，睡眠质量直接影响飞行人员运动后疲劳的恢复。为提高飞行人员的睡眠质量可以采取以下几点措施。

（1）避免强光刺激和噪声：人一般习惯在黑暗的情况下入睡，条件允许的情况下，寝室和卧房应安装不透光防紫外线的窗帘。如条件不具备，对光线敏感的飞行人员，可佩戴眼罩助眠，尽量保持安静。

（2）保持适宜的温湿度。室内的温度、湿度，被褥、睡枕的舒适度也是睡眠保障的因素。应尽量保持室内温度25℃左右，相对湿度55%～60%。飞行人员要经常晾晒被褥，室内干燥，可采用湿度气雾器或在室内洒水等方法进行调节。室内要经常通风，保持空气新鲜。

（3）睡前不要饮酒、吸烟、喝咖啡和浓茶、过量饮水和吃得过饱：酒精、烟碱、咖啡因、茶多酚等可引起神经兴奋导致失眠。此外，过量饮水或吃得过饱往往容易造成腹胀、尿频，从而影响睡眠，中医所说"胃不和则卧不安"即是这个道理。

（4）加强心理疏导。由于训练疲劳导致的心理压力过重是影响睡眠的重要因素之一，应加强心理疏导，主要通过领导与飞行人员、飞行人员与飞行人员之间的交流，飞行人员自身心理暗示等方式进行心理沟通和疏导，缓解紧张、焦虑、抑郁等不良心理。

4. 进行肌肉按摩和沐浴

肌肉按摩和沐浴能改善局部血液循环，从肌肉中排除乳酸和其他致疲劳物质，以促进疲劳的消除。按摩主要方式有自我按摩或相互之间的按摩，主要采用推、捏、扣、揉、踩、按等手法，按摩时应注意局部按摩和整体按摩相结合，先全身，后局部。消除疲劳的全身性按摩，一般采取俯卧位，其方法可以从颈后向下开始顺着血管和淋巴回流方向进行，如某部位需要重点按摩时，应在全身按摩结束之后再进行局部按摩。沐浴一般以温水为宜，水温控制在40℃～45℃，时间控制在 10～15min，条件允许时，可进行汗蒸，但时间不宜过长。

第八章　舰载飞行人员的体育健康生活方式设计

体育健康生活方式是指通过参与体育活动促进身体健康和心理健康的一种生活方式。保持健康的生活方式不仅能使舰载机飞行人员保持健康的体魄，提高生活质量，而且对延长军事职业飞行年限具有积极的作用。

本章主要介绍体育锻炼与飞行人员健康的关系以及体育健康生活方式两个方面的内容。

第一节　体育健康生活方式与飞行人员健康的关系

体育健康生活方式与飞行人员的健康有着密切的关系，通过体育健康生活方式可促进飞行人员机体新陈代谢水平，改善生理功能，减缓和推迟因年龄引发的退行性改变，从而达到保持和增进健康的目的。

一、体育健康生活方式的概念

体育健康生活方式是指一个人进行健康的身体锻炼和接受体育指导及教育。其主要理论依据有两个方面。一是人一生要经历生长发育、成熟、衰老三个自然发展阶段。衰退是生物界一切发展的必然，衰退的产生是由于新陈代谢的迟滞和衰退而引起的。当飞行人员到中年以后，随着年龄的不断增大，新陈代谢能力开始下降，各器官功能逐步发生一系列退行性改变。二是通过科学研究证明，人体机能的结构和功能，在不同的阶段存在着提高和改善的可能性，科学的锻炼，可促进人的血液循环、改善组织细胞的代谢，提高营养物质供给能力，增强各器官系统功能对锻炼负荷的适应性，从而减轻和减慢退行性改变的程度,持续保持飞行所必须具备的体能及心理品质，实现为国家健康、安全飞行的目标。

二、体育健康生活方式对飞行人员健康的作用

体育健康生活方式对飞行人员身体的影响主要表现在以下几个方面。

（一）体育锻炼对飞行人员运动系统的影响

通过体育锻炼可以改善骨骼的血液供应，增加骨骼的物质代谢，保持骨骼的弹性、韧性，提高骨骼的抗断能力，延缓、减少骨骼的退行性变化。增加肌肉的力量，防止肌肉萎缩和退行性变化，从而提高抗核能力。保持关节韧带的弹性和关节的灵活性，使飞行人员动作保持良好的灵敏反应能力。

（二）体育锻炼对飞行人员心、血管系统的影响

人在运动时，身体耗氧量增加，对血液循环的要求大大提高，在一定程度上加大了心脏的工作负荷，与此同时，心脏冠状动脉的循环血量较平时大大增加，保证了对心肌氧气及营养物质的供应。经过持之以恒的锻炼，可以使心肌收缩力量加强，心输出量增加。此外，运动还锻炼了血管收缩和舒张机能，加强血管壁细胞的氧供

应，促进代谢酶的活力，改善血液脂质代谢，降低血脂，减少脂肪沉着，延缓血管硬化，有助于控制动脉硬化的发展，有利于高血压、冠心病的防治。

（三）体育锻炼对飞行人员呼吸系统的影响

运动时，肺通气量成倍增加，大大提高了肺泡的张开率，延缓了因活动不足而加重的肺泡老化过程。体育锻炼对保持肺组织的弹性、呼吸肌的力量、胸廓的活动度，以及对改善肺脏的通气、换气功能均有良好的作用。长期坚持体育锻炼能够使肺活量始终保持较高的水平，对提高军事航空飞行抗缺氧能力具有积极的作用。

（四）体育锻炼对飞行人员神经系统的影响

坚持体育健康生活方式能延缓脑动脉硬化过程，使脑动脉血中的氧含量升高，改善脑细胞的氧供应，从而减轻脑萎缩，维持其对全身各器官系统活动的调节功能。此外，通过肌肉活动可以刺激和调整大脑皮层神经活动过程的强度、均衡性和灵活性，缩短反应潜伏期，改善各种分析器的功能，提高机体对外界环境的适应能力，保持旺盛精力，使人精神愉快乐观，延缓身体机能的衰退。

（五）体育锻炼对飞行人员心理的影响

体育锻炼能改善人的心理状态，恢复体力和精力，使飞行疲劳得到积极性的恢复，使飞行人员心情愉悦、精力充沛地投入军事航空飞行训练中。体育锻炼可以陶冶情操，保持健康的心态，充分发挥个体的积极性、创造性和主动性，使个性在融洽的氛围中获得健康、和谐的发展。体育锻炼中的集体项目与竞赛活动可以培养人的团结、协作及集体主义精神，培养吃苦耐劳、积极向上的战斗精神。

三、飞行人员健康生活方式

（一）合理有序的生活规律

飞行人员生活规律，定时睡觉、起床，有利于提高睡眠质量，消除军事航空飞行疲劳。飞行人员如经常熬夜、娱乐过度等，就会造成失眠、多梦等亚健康状态，这不仅会造成身体机能的下降，而且还会影响到训练和作战任务的完成，导致飞行事故的发生。现有的研究表明：如果将睡眠人为地提前或延后 2～4h，会使人的警觉水平和记忆能力遭到严重破坏。当连续两夜睡眠缺失达到 2～5h，飞行时便会遗漏许多重要的信息，操作成绩变得时好时坏。由于飞行人员情境意识丧失，常常感到自己操纵的不是飞机而是机械玩具。并且，随着飞行高度和工作负荷的增加，操作效率的下降越明显。

研究还表明，除警觉水平下降外，睡眠的缺失还会改变人的工作状态和心境，这可能是影响飞行效率的主要原因。

飞行人员在驾驶舱内的表现是：由于睡眠的缺失使飞行人员感到疲劳，从而下意识地省略或遗漏一些重要的飞行信息。最为危险的是，即使其飞行效率降低了，仍然不能或很难觉察，往往对自己和飞机所处的状态缺乏处境意识，极易导致事故发生。

（二）健康安全的饮食条件

合理饮食要保证食品的品种应尽可能多样化，使热量和各种营养数量充足、比例恰当，过度和不足都会有不良后果。飞行人员合理膳食不但关系到体质健康，还关系到飞行技术的发挥。因此，在日常生活中，不能想吃什么就吃什么。高热量高蛋白的过量摄入，很容易引起糖尿病等。

飞行人员每日的食谱应包括奶类、肉类、蔬菜水果和五谷四大类。奶类含钙、蛋白质等，可强健骨骼和牙齿，每日饮 250~500mL 为宜。肉类、家禽、水产类、蛋类、豆类及豆制品等含丰富的蛋白质，可促进人体新陈代谢，增强抵抗力，每日 0.2~0.3kg 为宜。蔬菜、水果类含丰富的矿物质、维生素和纤维素，能增强人体抵抗力，畅通肠胃，每日最少应吃 0.5kg。米、面等谷物主要含淀粉，即糖类物质，主要为人体提供热能，满足日常活动所需，每日摄入 0.25~0.4kg 为宜。合理的饮食、充足的营养，能提高健康水平，预防多种疾病的发生，延长寿命。而不合理的饮食，营养过剩或不足，都会给健康带来不同程度的危害。

饮食过度会因为营养过剩导致肥胖症、糖尿病、胆石症、高血脂、高血压等多种疾病，甚至诱发肿瘤，如乳腺癌、结肠癌等。不仅严重影响健康，而且会缩短寿命。长期营养素不足，会导致营养不良、贫血，多种元素和维生素缺乏，影响人体抗病能力，使工作学习能力下降。

一日三餐要合理安排，定时定量，早饭吃好，午饭吃饱，晚饭吃少。不暴饮暴食，不经常在外就餐，零食作为一日三餐之外的营养补充，可以合理选用。要少吃油脂高、过甜、过咸的食物。

（三）坚持良好的运动习惯

生命在于运动，运动使人的体质保持良好的状态，而合理适量的运动更会使人在精神和身体两个方面得到双向发展。生理方面，体育锻炼有利于人体骨骼、肌肉的生长，增强心肺功能，改善血液循环系统、呼吸系统、消化系统的机能状况，有利于人体提高抗病能力，增强有机体的适应能力，避免机能过早衰退；心理方面，体育锻炼是改善和解决焦虑、抑郁、偏执、强迫等不良心理问题最恰当的方法。适量的体育锻炼能消除人的紧张情绪,发泄内心冲动,提高自信心和成就感,满足人与人交往和友谊的需要,磨练人的性格,锻炼人的意志品质。

(四)抵制烟酒的有害侵蚀

烟酒对于身体的伤害是众所周知的,尤其飞行人员对身体要求比常人要严格得多。过量饮酒、吸烟不仅使人的肝脏、肺等器官受损,同时也使人的精神状态、体质下降,影响飞行。在酒精的影响下,飞行人员会出现感觉迟钝、观察能力下降、短时记忆和长时记忆受损,易草率行事,判断与决策能力下降、动作协调性下降、视听能力下降、语言表达能力下降、情绪波动大、自我意识缺乏或丧失,这些反应对飞行职业是极为不利的。调查表明,许多医学停飞的原因都同长期吸烟有关,吸烟可使血液中携带的二氧化碳达到5%左右,相当于海拔3535m左右时的含量。与不吸烟者相比,吸烟者对缺氧症的易感性更高,即使在较低的高度上也会感觉到缺氧。因此,吸烟饮酒是飞行人员最不健康的生活方式,必须戒烟戒酒。

(五)维持健康的心理平衡

心理压力是很多疾病的根源,飞行人员压力大,来自训练、作战、家庭、生活等,这些是不可避免的。如何调节好自己的心理状态是至关重要的。除了饮食起居外,情绪的好坏与人的健康密切相关。当人遇到精神压力而处于紧张、愤怒、焦虑等不良的心理状态时,都会引起生理上的异常变化。若时间较长,反复发生,便可能由功能性改变逐渐演变成器质性损害。有关专家对千余例中风病人调查发现,75%是由心理因素诱发的,尤以愤怒居首位。心理学认为,愤怒是一种不良情绪,是消极的心境,它会使人闷闷不乐,低沉忧郁,进而阻碍情感交流,导致内疚与沮丧。有关医学资料表明,愤怒会导致高血压、溃疡、失眠等。据统计，情绪低落、容易生气的人患癌症和神经衰弱的可能性要比正常人大得多。同病毒一样，愤怒是人体的一种心理病毒，会使人重病缠身，一蹶不振。心理平衡是养生保健的基础，只有控制自己的愤怒情绪才能培养毅力和忍耐力。当认识到愤怒不是人的本性时，便会选择精神愉悦，而不是愤怒。

可以尝试通过运动来发泄，用阅读来静心，听音乐和找朋友倾诉等方式来缓解心理压力。从而使自己能更好地胜任飞行员的使命，尽显飞行员的魅力与睿智。

第二节　飞行人员体育健康生活方式的主要内容

体育健康生活方式是为实现身体健康而采用的身体练习和锻炼的方法，内容选择应具有多样性、趣味性、针对性。其方法手段是提高效果和增强意识的有效途径。每一个飞行人员至少要选择一项符合自身实际和爱好的持久体育项目。

一、体育健康生活方式内容及选择依据

（一）体育健康生活方式内容

体育健康生活方式内容十分丰富，按照性质、作用分类如下。
1. 健身运动

健身运动是指为增进健康、增强体质而从事的身体锻炼。健身运动主要是为发展人体内脏器官的功能，特别是心血管系统和呼吸系统功能，以及力量、耐力、柔韧、灵敏和速度等运动素质，提高工作学习效率，丰富业余生活，延年益寿。健身运动多以有氧代谢

为主。由于参加者的年龄、性别和健康状况不同，因而所采用的内容与方法也不一样。一般飞行人员常采用的运动项目有健身长跑、体操、球类、游泳、功率自行车、组合器械、滑冰等；军事职业飞行时间较长的飞行人员一般采用走（散）步、慢跑、做操、太极拳、气功、功率自行车等。

2. 娱乐体育

娱乐体育是为了丰富文化生活，吸引人们愉快健康地度过闲暇时间而开展的具有鲜明娱乐色彩的体育活动。通过娱乐体育可以使人的身心得到改善，锻炼身体，陶冶情操，适合各年龄段的人。娱乐体育的内容包括球类游戏、活动性游戏，季节性娱乐体育、旅游、郊游、越野，登山，以及下棋和观看各种体育比赛等。

3. 医疗与矫正体育

医疗与矫正体育是为了治疗某些疾病或受伤造成的身体缺陷、功能障碍而进行的专门的体育活动，医疗与矫正体育应针对存在的某些疾病与障碍，采用体育的手段，达到治疗疾病和纠正某方面的缺陷，使其恢复。这种身体锻炼必须在医生或专门人员的指导下进行。

4. 格斗性体育

格斗性体育是为了提高防身自卫应变能力而进行的身体锻炼。这种锻炼既可强身又有一定的实用价值，应用于日常生活与军事需要，对提高对抗能力和自我保护能力有一定的锻炼价值。在选择格斗性体育内容时应明确锻炼目的，并采取安全良好的防护措施，以免发生意外。格斗性体育的主要内容有擒拿、散打、推手、短兵、拳击、武术对练等。

（二）选择体育健康生活方式内容的依据

选择适宜的体育健康生活方式内容主要依据以下四点。

1. 目的性

选择内容应有明确的目的性，是健身还是健美，是娱乐还是医疗病伤康复。应在选择内容前明确锻炼目的，并根据预期的目的去选择适合的内容。

2. 可行性

选择内容应因人、因地、因时制宜，从实际出发。因人是指要根据自身的经济条件、年龄、身体状况、运动技能和体育知识基础等主观条件；因地是指航空兵部队和居住地周边锻炼环境，包括场地、设备、气候、地理环境等；因时是指根据作息制度、部队相关管理规定和军事职业飞行工作特点等实际情况。

3. 实效性

实效性是指选择的内容是否能调动锻炼者的积极性和达到理想的锻炼效果。这两个方面是相互联系的，缺一不可。要想获得理想的锻炼效果，选择的锻炼项目就必须具有趣味性。锻炼内容具有趣味性，不仅能调动积极性，而且由于锻炼者的情绪高涨，还能促进积极性休息，有助于飞行和日常工作疲劳的消除。

4. 全面性

所选择的内容应使自己身体各器官、系统的机能得到增强，身体素质和基本活动能力得到全面发展。当然，全面不等于选择的内容越多越好。

二、飞行人员体育健康生活方式

（一）早操

早操是清晨起床后进行的体育训练活动。它是军队生活的主要内容之一，也是锻炼身体的有效形式。除了休息日、节假日和飞行日之外，飞行人员通常每日出早操，每次通常为30min。飞行人员坚持早操制度具有重要作用。首先，早操是一种良好的健身手段。可使一夜处于睡眠状态的神经细胞（特别是大脑皮层）兴奋性逐渐提高，以良好的精神状态投入全天的教学训练中，为提高训练效果奠定基础。再次，坚持早操制度，有助于培养飞行人员良好的生活习惯、严肃的生活作风和严格的组织纪律。早操的训练内容，除了进行走、跑、飞行人员徒手操的练习以外，还可以进行器械体操的简单练习，各种辅助体操和拳术等内容的练习。早操的运动负荷，一般以中小负荷为宜，不宜造成过分激动和兴奋，不应使脉搏升到很高水平。活动结束前，应做些慢速走、跑、深呼吸等放松活动。早操的组织实施，应以学员队为单位。

（二）课间操

课间操是利用课间休息进行的体育活动，时间在20min左右，可进行飞行人员徒手体操、辅助体操、广播体操、健美操、保健操和军体拳等内容。课间操的组织与实施，以集中练习为主，也可个别练习。运动负荷不宜大，兴奋性不宜高，以免影响正课学习和飞行。

（三）业余体育活动

业余体育活动是利用节假日等休息时间进行的体育锻炼形式。它是飞行人员业余文化生活的重要组成部分。积极开展业余体育活动具有重要意义。首先，它有助于巩固航空体育教学训练的成果。业余体育活动进行的内容，是体育所学过的运动项目，通过业余体育活动，能进一步巩固提高运动技术，是正课训练的必要补充。其次，有助于个人爱好的发展和体育骨干的培养。飞行人员对体育项目的爱好，可以通过业余体育活动得到发挥，他们的积极性、主动性和创造性可以在业余体育活动中得到发挥,从而锻炼和培养一支体育骨干队伍。再次,有助于丰富飞行人员的业余文化生活。通过业余体育活动,使飞行人员心理上产生满足感,情操得到陶冶,有助于加强交往,扩大联系,培养团结互助的精神。

三、飞行人员体育健康生活方式的形成

体育健康生活方式意识是飞行人员体育锻炼自觉性在体育锻炼实践中的反映。飞行人员要形成体育健康生活方式和习惯,必须不断地加深对体育锻炼的内涵和价值的认识,积极投身于体育锻炼之中。无论主观和客观发生各种变化,飞行人员都能保持自己的体育爱好、锻炼习惯,达到长期体育锻炼的目的。要具有良好的体育锻炼意识,应努力做到以下几点。

(一)加强学习,转变观念

深入学习体育锻炼的有关知识,配合军事职业飞行和社会实践,使自己了解体育锻炼与军事职业飞行和社会的关系,体育锻炼对自我成长和生活质量的提高具有重要作用,使自己真正懂得强健的体质是安全飞行的保障,是人生的第一财富,是现代人生的基本条件。改变"体育就是跑跑跳跳,四肢发达头脑简单"的片面认识,从思想上、理论上和行动上建立强身健体的锻炼意识。

(二)坚持经常,强化意识

只有切身感受到体育锻炼的益处,飞行人员才能更加巩固和提高长期体育锻炼意识。然而,体育锻炼的效果并非一劳永逸。体育锻炼的直接作用是促进体内异化作用加强,继而使同化作用加强,加快体内物质的合成,从而使机体内部的物质得到补充、增强和积

累。这个变化的重要条件，在于必须使体育锻炼的时间、强度、次数保持对身体内部刺激的衔接性和连续性，如间隔时间过长，中断过久，已获得的效果就会消退以致消失。"锻炼"一词，就意味着坚持经常、不断反复才能奏效。锻炼要讲究有恒。锻炼而有恒，第一能产生兴趣，"习以为常，运动之念，才能相连不绝，今日之运动，承乎昨日之运动，而又引起明日之运动"；第二能产生快乐，持久运动，健身益心，锻炼价值的体会越深，达到"攻读胜任愉快，修德日起有功，养生处处有利"的效果。

（三）掌握"三基"，提高体育锻炼能力

全面践行体育健康生活方式，飞行人员必须要注重体育锻炼的基本知识、基本技术、基本技能的掌握，学会科学锻炼的方法，只有这样才能在体育锻炼中收获强身益心的效果，感受到锻炼的快乐，获得锻炼的成就感。在众多的体育锻炼项目中，深受广大飞行人员喜爱的项目有球类运动、健身长跑、徒步、武术、徒手体操、野营、爬山、游泳、滑冰等。飞行人员在锻炼时，总体上是选择已掌握运动技能的项目，以控制运动负荷量和变换训练方式为主；但对感兴趣而尚未掌握的运动项目，应重视从基本技术开始练习。

参 考 文 献

[1] 金复鑫，余锋，王川，等. 飞行学员体能组训模式改革与探究[J]. 教育教学论坛，2024(25)：77-80.

[2] 王超，吴海平. 篮球运动引入航空体育课程的可行性研究[C]//2024年全国体育社会科学年会. 2024.

[3] 贺文倩，魏瑾琴. 珠海航展对我国航空体育产业的影响研究[C]//第九届中国体能训练科学大会论文集. 2023.

[4] 邹骐阳，应鹏飞，吴昊. "舰载战斗机飞行员航空体育理论知识"在线开放课程体系构建研究[C]//第九届全国青年体育科学学术会议. 2023.

[5] 刘克银，李成杰，赵辉，等. 航空体育器械训练对飞行学员心率及心率变异性影响研究[J]. 中国民航飞行学院学报，2023，34(4)：34-39.

[6] 沈爱阳，杨祥红，倪怀勇. 军队院校航空体育课程思政教学路径探究名[C]//第三届全国航空航天类课程思政教学改革论坛. 2022：5.

[7] 张俊杰，陈学东，徐斌，等. 我国高校民航飞行体育训练的现状、问题与发展路径[J]. 湖北体育科技，2021，40(12)：1125-1128.

[8] 黄正. 思政教育在高校飞行专业体育课程中实施路径的探究[J]. 当代体育科技，2021，11(34)：100-102.

[9] 盛亚洲. 高校航空体育教学融入食品营养教育之效用与途径研究：评《运动膳食与营养》[J]. 食品安全质量检测学报，2021，12(16)：后插6.

[10] 汪燕. 民航飞行学员航空体育专项器械训练效果实证研究：基于旋梯训练对基本生理参数的影响[J]. 体育风尚，2021(4)：82-83，123.

[11] 陈冰清. 我国航空体育课程目标与教学内容的优化研究[D]. 南京：南京航空航天大学，2021.

[12] 张薇薇，李樟杨. 民航强国背景下航空体育发展历程回顾与展望[J]. 当代体育科技，2021，11(6)：235-237.

[13] 成静. 航空体育在线教学探索与实践[J]. 科教导刊，2021(2)：71-73.

[14] 李成杰，刘克银，成静，等. 课程思政视域下航空体育育人新路径研究[J]. 中国民航飞行学院学报，2020，31(6)：64-68，71.

[15] 王龙，宋佩双，熊杰，等. 民航院校航空体育课程在线教学实施与优化策略研究[J]. 科技资讯，2020，18(27)：27-30.

[16] 单昭麟，耿燕露. 航空体育教学中体能训练对飞行学员心理影响分析[J]. 当代体育科技，2020，10(4)：113-114.

[17] 王杰，王旭. 初探航空体育课程思政的必要性[J]. 当代体育科技，2019，9(32)：113-114.

[18] 周翔. 飞行技术专业航空体育课程优化设计与创新[J]. 文体用品与科技，2019(17)：103-104.

[19] 徐昶楠，施丹萍. 民航飞行学员 FMS 测试实验及对航空体育教学的启示[J]. 青少年体育，2019(8)：133-134.

[20] 余宏，刘琰，吴晓光，等. 旋梯训练中飞行学生惧怕心理产生的研究与分析[J]. 青少年日记(教育教学研究)，2019(2)：140-141.

[21] 陈华卫，杜长亮. 我国航空体育课程体系的优化：以南京航空航天大学为例[J]. 湖北体育科技，2019，38(2)：175-178.

[22] 李金华. 航空体育课程设计[M]. 北京：光明日报出版社，2019.

[23] 宋永成，张园园. 航空体育课程现状调查与研究[J]. 体育科技文献通报，2019，27(1)：77-78.

[24] 金鹏，姬庆春，毛丽娟. 中国民航飞行学员心理能力的建构与绩效评价[J]. 上海体育学院学报，2018，42(6)：113-118.

[25] 寇月，刘广春. 民航院校航空体育器械训练风险的规避研究：以飞行学院为例[J]. 运

动，2018(19)：102-103.

[26] 刘琰. 民航院校航空体育教学对飞行学员综合素质的影响分析[J]. 才智，2018(22)：164-165.

[27] 刘涛，张波，王小冰. 新"三从一贯"军事训练方针下海军航空体育课程建设发展研究[J]. 军事体育学报，2018，37(3)：5-7.

[28] 李波，张九龙，文新康. 不同GZ值旋梯训练对飞行学员心率及呼吸频率的影响[J]. 中国民航飞行学院学报，2018，29(4)：13-17.

[29] 刘琰. 探讨民航院校航空体育教学中终身教育理念的贯彻[J]. 文体用品与科技，2018(12)：90-91.

[30] 张立军，石贵军，张学进. 落实《军事体育训练与考核大纲》背景下的航空体育课程改革研究[J]. 军事体育学报，2018，37(2)：8-10.

[31] 姚建明，李星辰，霍宁波. 航空体育器械能力与飞行初始技能形成的相关性研究[J]. 中国民航飞行学院学报，2018，29(1)：8-12.

[32] 李金华，张红霞. 我国高校民航飞行技术专业学生航空体育课程设置创新体系构建研究[J]. 山东体育学院学报，2017，33(6)：112-118.

[33] 李金华. 航空体育课程模块构建[M]. 北京：科学技术文献出版社，2017.

[34] 李波. 民航飞行员高空环境职业身体耐受力的内涵与运动训练相关问题分析[J]. 体育风尚，2017(11)：1-4.

[35] 李金华，张红霞. 我国民航飞行大学生身心智和谐发展航空体育课程体系构建创新研究[J]. 北京体育大学学报，2017，40(10)：90-98.

[36] 张志彬. 关于发展我国航空体育产业的深度思考[J]. 运动，2017，(19)：133，152.

[37] 张志彬. 新时期我国航空体育发展战略研究[J]. 当代体育科技，2017，7(28)：196-197，199.

[38] 李波，张九龙. 飞行学生航空体育训练疑似痫性发作两例分析[J]. 中国民航飞行学院学报，2017，28(5)：69-71.

[39] 刘涛，宁玉龙，宋雪杉. 美国空军军官学校军事体育课程分析与启示[J]. 教育现代化，2017，4(23)：148-149，161.

[40] 邹琳. 飞行院校航空体育课程现状调查与研究[J]. 才智，2016(27)：231.

[41] 林景宏，王景波，张学进. 紧贴实战落实《大纲》要求推进航空体育训练创新发展[J]. 军事体育学报，2016，35(2)：11-13.

[42] 朱明，刘志刚，王武龙. 落实《大纲》科学构建航空体育基础教学体系[J]. 军事体育学报，2016，35(1)：16-19.

[43] 刘波. 航空体育教学中不同方法的体能训练对民航飞行员体能影响的研究[D]. 成都：成都体育学院，2015.

[44] 王润斌，肖丽斌. 新时期我国航空体育发展战略研究[J]. 军事体育学报，2015，34(2)：83-86.

[45] 杨鸣亮. 体育·航空体育·航空体育运动[J]. 四川体育科学，2015，34(1)：26-29，37.

[46] 王小冰，孙树楠，刘涛. 实战化背景下航空体育课程体系优化研究[J]. 军事体育学报，2015，34(1)：55-57.

[47] 王海臣，王天越，张文勇. VR技术在旋梯教学中的应用与实践[J]. 军事体育学报，2014，33(4)：121-122.

[48] 王露，任连柱. 空军女飞行学员体育锻炼现状的调查分析[J]. 军事体育学报，2014，33(4)：123-125.

[49] 廖建路，高展. 航空体育[J]. 军事体育学报，2014，33(4)：149.

[50] 刘志刚. 飞行学员抗荷能力训练现状分析及对策[J]. 才智，2014(30)：98.

[51] 赵昀，黄波. 1997—2013年我国航空体育教育研究成果探析[J]. 黑龙江高教研究，2014(9)：34-37.

[52] 张敏. 航空体育课程教学模式实施状况与对策研究[J]. 牡丹江教育学院学报，2014(2)：105-106.

[53] 张敏. 航空体育课程教学评价实施现状及对策研究[J]. 牡丹江教育学院学报，2013(2)：158-159.

[54] 朱敏敏，杨永昌. 微格教学在航空体育教学与技能训练中的应用[J]. 当代体育科技，2012，2(34)：40-41.

[55] 李学恒. 基础教育阶段飞行学员航空体育教学改革研究[J]. 当代体育科技，2012，

2(32)：35，37.

[56] 陈华卫. 航空体育课程内容的设计与实验研究[J]. 军事体育进修学院学报，2012，31(4)：36-39.

[57] 陈华卫. 我国民航院校航空体育课程设计之研究[J]. 安徽体育科技，2012，33(4)：84-86.

[58] 孟浩，张敏. 体育游戏在航空体育教学中有效运用的思考[J]. 黑龙江科技信息，2011(21)：199.

[59] 廖建路，韩英超. 美国空军军官学校体育课程设置特点及启示[J]. 军事体育进修学院学报，2011，30(3)：64-66.

[60] 邹琳. 民航飞行员飞行疲劳体征的判别与安全对策综述[J]. 才智，2011(19)：325-327.

[61] 刘晓徐. 情感策略在航空体育教学中对飞行学员心理健康影响的研究[D]. 牡丹江：牡丹江师范学院，2011.

[62] 邹琳. 民航飞行"浅疲劳"体征与体育干预技术的可行性研究[D]. 成都：四川师范大学，2011.

[63] 陈华卫，周保辉，郭洪波. 我国民航院校体育课程设置研究[J]. 体育文化导刊，2011(1)：103-106.

[64] 杨鸣亮. 分层次教育下的"马太效应"与航空体育教学应对[J]. 价值工程，2010，29(30)：151.

[65] 张平. 论民航飞行学生培养模式中的航空体育教育[J]. 中国民航飞行学院学报，2010，21(3)：43-45.

[66] 陶井田. 飞行学员体能训练对其心理影响的研究[D]. 长春：东北师范大学，2010.

[67] 杨鸣亮，王旭. 航空体育课堂有效性教学研究[J]. 体育世界（学术版），2010(3)：28-29.

[68] 廖建路. 航空体育中心理训练对飞行学员空间定向能力的影响[D]. 长春：东北师范大学，2010.

[69] 李文川. 航空体育素质训练对提高飞行能力的实验研究[J]. 成都体育学院学报，2010，36(1)：71-73.